HÁBITOS ATÓMICOS EN ACCIÓN

JAMES CLEAR

HÁBITOS ATÓMICOS EN ACCIÓN

Un 1 % mejor cada día

Ejercicios sencillos para construir la vida que deseas

Traducido por Ana Pedrero Verge

Autoconocimiento

Obra editada en colaboración con Editorial Planeta – España

Título original: *The Atomic Habits Workbook*

Esta edición ha sido publicada por acuerdo con Avery, un sello de Penguin Publishing Group, una división de Penguin Random House LLC.

Composición: Toni Clapés

Bajo el sello editorial PAIDÓS M.R.
Avenida Presidente Masaryk núm. 111,
Piso 2, Polanco V Sección, Miguel Hidalgo
C.P. 11560, Ciudad de México
www.planetadelibros.com.mx
www.paidos.com.mx

Primera edición impresa en España: diciembre de 2025
ISBN: 978-84-1119-301-6

Primera edición impresa en México: diciembre de 2025
ISBN: 978-607-639-156-3

Impreso en los talleres de Litográfica Ingramex, S.A. de C.V.
Centeno núm. 162-1, colonia Granjas Esmeralda, Ciudad de México
Impreso en México – *Printed in Mexico*

Sumario

Índice de obstáculos 9
Introducción 11

PRIMERA PARTE

Los cimientos

LA CIENCIA DEL HÁBITO
Un breve repaso de la teoría del cambio de conducta 21

- Un 1 % mejor cada día 21
- La meseta del potencial latente 25
- Sistemas, mejor que metas 28
- Hábitos basados en la identidad 30
- El ciclo de los hábitos 33
- Las Cuatro Leyes del Cambio de Conducta 36

VALORACIÓN DE HÁBITOS
Entiende tus hábitos actuales y planifícate para el éxito 37

- El poder de la valoración 39
- Tu realidad actual 41
- Adónde quieres llegar 63
- El siguiente paso 74

SEGUNDA PARTE

Las Cuatro Leyes del Cambio de Conducta

LA PRIMERA LEY: Hacerlo obvio 91

Principios básicos para la creación de señales 93
Intenciones de implementación. 95
Acumulación de hábitos 100
El contexto lo es todo. 120
Hoja de repaso: la Primera Ley del Cambio de Conducta 143

LA SEGUNDA LEY: Hacerlo atractivo 149

Acumulación de tentaciones 153
Rituales de motivación 159
Haz que sea divertido 163
Identifica tus anhelos. 166
El poder del cambio de mentalidad. 170
Escoger una nueva solución 173
El poder de la influencia social. 176
Hoja de repaso: la Segunda Ley del Cambio de Conducta 191

LA TERCERA LEY: Hacerlo fácil 197

La Regla de los Dos Minutos 199
Moldear los hábitos 206
Dominar los momentos decisivos 208
El poder de la fricción 212
Usar un dispositivo que te ayude a mantener el compromiso. 229
Automatiza tus hábitos 232
Hoja de repaso: la Tercera Ley del Cambio de Conducta. 239

LA CUARTA LEY: Hacerlo satisfactorio 243

Refuerzo 245
Haz el seguimiento de tus hábitos 252
Socios corresponsables 258
El contrato de hábitos 261
Hoja de repaso: la Cuarta Ley del Cambio de Conducta 265

TERCERA PARTE

Convivir con los hábitos

Cómo desarrollar una mentalidad para mantener el éxito a largo plazo

La mentalidad que hará que los hábitos perduren 271

Prioriza la acción sobre la perfección 273
Piensa a largo plazo 277
No pierdas la concentración 280
Ten un plan para cuando falles y recupérate rápido 283
Adáptate y sé flexible 286
Revisión continua 289

CAJA DE HERRAMIENTAS

Selección de hábitos: las ideas más poderosas en una sola página 297
Ficha rápida para construir hábitos 298
Ficha rápida para eliminar hábitos 299
Hoja de repaso: cómo forjar buenos hábitos 300
Hoja de repaso: cómo eliminar malos hábitos 302
Registro de hábitos 304

Índice de obstáculos

Remedios rápidos para algunos obstáculos frecuentes a la hora de crear un hábito

Si no paras de poner hábitos en marcha y romperlos... 199, 255, 258, 261, 283

Si procrastinas y te cuesta empezar... 199

Si estás pasando por una transición vital importante o un período de grandes cambios... 39

Si eres propenso a empezar demasiadas cosas a la vez... 21, 79, 199

Si sientes que tu entorno te está cortando las alas... 120, 212

Si no tienes claro qué deberías cambiar... 28, 39

Si te sientes abrumado y no sabes por dónde empezar... 39, 298, 299

Si quieres cambiar, pero crees que no tienes tiempo... 21, 47, 199

Si pecas de ambicioso cada vez que intentas hacer cambios en tu vida... 21, 79, 199

Si cambiar algo siempre te hace sentir como si luchases contigo mismo... 30, 39, 153, 163, 170

Si eres demasiado duro contigo mismo cuando algo se tuerce... 54, 255, 283, 286

Si eres perfeccionista... 21, 273

Si sueles sentir que el mundo conspira contra ti... 54, 120, 212, 228, 283

Si quieres hacer cambios, pero no crees que vayas a poder... 170, 199, 277

Si sientes que tus amigos y familiares te están presionando para que adoptes hábitos que no te interesan... 176

Si estás buscando una red de apoyo más sólida... 176, 258

Si te aburres rápido... 153, 163, 206, 280

Si te has aburrido de tus viejos hábitos... 39, 163, 289

Si te cuesta ser constante... 54, 199, 228, 255, 261, 280

Si ves que olvidas las estrategias para el cambio de comportamiento... 143, 191, 239, 265, 295

Introducción

Unos años después de publicarse *Hábitos atómicos*, di una charla a un grupo de entrenadores universitarios y directores deportivos. Al terminar, un hombre llamado Travis Wall se me acercó y me dijo que había sido el entrenador en jefe del equipo de fútbol masculino de la Universidad de St. Olaf, en Minnesota.

«Leí *Hábitos atómicos* tras mudarme a Minnesota en la primavera de 2019 —dijo—. Había heredado un equipo que había logrado 5 victorias y 13 derrotas el año anterior y 4 victorias, 13 derrotas y un empate el año previo a aquel. Su libro me ayudó a formular la estrategia que quería seguir para intentar darle la vuelta a nuestro programa de entrenamiento».

Me explicó el sistema que utilizó para implementar una serie de hábitos más positivos a lo largo del programa. «En la primera pretemporada, hicimos una presentación ante el equipo que giraba en torno a ejemplos de pequeños detalles que teníamos que mejorar. Además de explicar los papeles y las responsabilidades que tendríamos cada uno en el campo, también tocamos temas como la importancia de ablandar bien las zapatillas nuevas para que no salgan ampollas, de ponerse equipo adecuado en el día correcto, de cómo darse baños fríos, etcétera. Lo sacamos directamente del ejemplo del equipo de ciclismo británico que aparece en *Hábitos atómicos* y que explica que empezaron su transformación prestando atención a cosas como el colchón en el que dormían, el grado de comodidad del asiento de las bicis y cosas parecidas. Se centraron más en los cambios del entorno y menos en hacer cambios relacionados con el ciclismo como punto de partida, y así es básicamente como empezamos a reconstruir el programa».

Había conseguido llamar mi atención, y le pedí más información sobre su enfoque. Me dijo lo siguiente: «Esta presentación se convirtió en algo que repasábamos todos los años cuando hablábamos de la importancia de contar con sistemas y de ponerlo todo de nuestra parte para seguirlos. Teníamos sistemas que aplicábamos a la selección de jugadores, al diseño de las sesiones de entrenamiento y a los procesos de comunicación con los jugadores. Si no hubiera sido porque leí su libro, no creo que los hubiésemos tenido. Desde que lo leí, tengo grabado en el cerebro lo que dice de que "No te elevas al nivel de tus metas. Desciendes al nivel de tus sistemas"».*

Y he aquí lo que ocurrió a continuación:

2018: 5 victorias y 13 derrotas. El equipo concluyó en novena posición dentro de su Liga de Conferencia.
2019: 9 victorias y 10 derrotas. Finalizó en sexta posición en la Liga de Conferencia en el primer año de aplicación del nuevo sistema de competición.
2020: La temporada fue cancelada debido a la pandemia de la covid-19.
2021: 19 victorias, 3 derrotas y 1 empate. El equipo se proclamó campeón de la Liga de Conferencia y alcanzó las semifinales regionales de la NCAA.
2022: 15 victorias, 5 derrotas y 2 empates. Repitió como campeón de la Liga de Conferencia y llegó nuevamente a las semifinales regionales.
2023: 20 victorias, 3 derrotas y 3 empates. El equipo obtuvo el título de campeón de la Liga de Conferencia y fue campeón nacional universitario de la NCAA.

* Conversación con Travis Wall en la Conferencia Atlética de la Costa Norte (NCAC) el 20 de mayo de 2024. Conversación por correo electrónico con Travis Wall el 22 de mayo de 2024.

Pasaron de cinco victorias en 2018 a campeones nacionales cinco años después.

Cuando escribí *Hábitos atómicos* no podía imaginar en lo que llegaría a convertirse. Como es lógico, confiaba en haber escrito un libro de calidad, pero no creo que ninguna persona razonable hubiera esperado vender 20 millones de ejemplares en los primeros cinco años. *Hábitos atómicos* se ha convertido en un fenómeno con vida propia, y hoy hay millones de lectores de todo el mundo que han adoptado su mensaje principal: los cambios pequeños se van sumando y dan lugar a unos resultados extraordinarios.

La trayectoria de tu vida sigue la dirección de tus hábitos. Todo lo que repites lo estás reforzando. Y mis lectores me recuerdan constantemente el impacto que los hábitos pueden tener en nuestras vidas.

Todos los días recibo mensajes de personas que me cuentan que *Hábitos atómicos* ha transformado su salud, sus relaciones y sus carreras profesionales, y que ha cambiado su forma de pensar en el profundo poder que tienen sobre sus propias vidas. Amigos de la infancia me dicen que, tras leer *Hábitos atómicos*, perdieron 45 kilos y dejaron de beber. Me llegan correos electrónicos de terapeutas y psicólogos que ponen la lectura de *Hábitos atómicos* como «deberes» a sus clientes. Hay cirujanos que me cuentan que han cambiado la forma en que sus equipos se preparan para las operaciones. Y me llegan un sinfín de historias sobre padres, profesores y entrenadores que les explican los conceptos a sus hijos, alumnos y jugadores. He visto incluso fotos de tatuajes de *Hábitos atómicos*.

Pero por muy increíbles que sean estas historias, los campeonatos nacionales, las transformaciones de pérdida de peso y los tatuajes no son lo que más me emociona. Lo que me llena los ojos de lágrimas es cuando alguien me explica cuánto ha cambiado el concepto que tiene de sí mismo. Cuando alguien me cuenta su historia y dice: «Mis hijos están orgullosos de mí»; o cuando un lector me comenta: «*Hábitos atómicos* me sacó del pozo y me ayudó a reenfocar mi vida»; o cuando alguien dice: «Por primera vez en muchos años, me miro al espejo y me gusta ver en quién me estoy convirtiendo». Todo esto me llega muy adentro porque es justo de lo que se trataba:

de usar los hábitos como un método para convertirte en el tipo de persona que quieres ser.

Estas historias me recuerdan por qué escribí el libro en su momento, porque quería ayudar y empoderar a los demás. Ayudar a quienes les cuesta encontrar el camino hacia una transformación real y sostenible. Empoderar a quienes sienten que van en el asiento del acompañante en sus propias vidas. Y ese es también el propósito de este libro de ejercicios.

A los lectores les encanta *Hábitos atómicos* (es el libro sobre hábitos mejor valorado de la historia), pero me he dado cuenta de que siempre viene bien contar con una ayuda más concreta a la hora de implementar nuevos hábitos. La brecha que hay entre entender y hacer es muy real y puede ser muy difícil de superar. Uno puede leer sobre la importancia del diseño ambiental, pero rediseñar la sala de tu casa te puede parecer abrumador y demasiado complicado. Uno puede leer sobre la acumulación de hábitos, pero invertir tu tiempo en crear acumulaciones de hábitos efectivas cuando tus mañanas son frenéticas puede resultar desalentador. Se puede entender el poder de los hábitos basados en la identidad, pero no saber cómo empezar a crearlos. A veces todo parece muy fácil al leerlo, pero aun así hace falta un empujoncito para ponerse manos a la obra.

Y ahí es donde entra este libro de ejercicios. Aquí, las ideas y los ejercicios de *Hábitos atómicos* se convierten en pasos fáciles de poner en práctica y accesibles para todo el mundo. En lugar de preguntarte cómo puedes aplicar las Cuatro Leyes del Cambio de Conducta a tus hábitos, podrás hacer ejercicios que harán que ello te resulte evidente.

Este libro de ejercicios está pensado para que acompañe a *Hábitos atómicos*, y es más efectivo si utilizas ambos. Pero si vas a usar solo este o hace ya tiempo que leíste *Hábitos atómicos*, no te preocupes. Aquí encontrarás breves repasos de las ideas principales del libro, así que podrás utilizarlo sin tener que releer el texto original.

La primera parte empieza con un apartado llamado «La ciencia del hábito», que es un repaso de las ideas más importantes de *Hábitos atómicos*. Luego examinarás tu situación actual y tus necesidades para saber en qué te quieres centrar y qué factores de tu vida deberás tener en cuenta. En la segunda parte, «Las Cuatro Leyes del Cambio de Conducta», te acompaño paso a paso por los ejercicios para ayudarte a practicar e incorporar todos estos principios según vas construyendo hábitos positivos o rompiendo con otros que no te convienen. Una vez que domines las cuatro leyes, la tercera parte, «Convivir con los hábitos», te ayudará a desarrollar una mentalidad que te permita mantener tus hábitos a largo plazo. Por último, la «Caja de herramientas» contiene una guía rápida para adoptar nuevos hábitos, un resumen de una página de ideas clave, «apuntes» para construir y romper hábitos, y un medidor de hábitos.

Conforme vayas avanzando te darás cuenta de que no hay apartados específicos para crear y romper hábitos: lo he estructurado así por la sencilla razón de que las estrategias para construir y romper los hábitos suelen ser las dos caras de una misma moneda. Si los cambias un poco, la mayoría de los ejercicios se pueden utilizar para ambas cosas. Si ves que terminas concentrándote solo en los hábitos positivos (o solo en romper los perjudiciales), no pasa nada. Utiliza este libro de ejercicios de la forma que más te convenga.

CÓMO SACARLE TODO EL PROVECHO A ESTE LIBRO

Cuando empiezas a plantearte un cambio de comportamiento, sé —por lo que me cuentan los lectores y por lo que he vivido en primera persona— que el impulso de intentar cambiarlo todo a la vez es muy fuerte. Pero mi objetivo es ayudarte a que enfoques ese cambio de conducta de una forma que te facilite las cosas. Por eso he dejado espacio para hacer el mismo ejercicio para dos hábitos. Te recomiendo que te centres en uno solo cada vez, pero te he dejado espacio para dos por si quieres usar el libro una segunda vez para crear un hábito distinto, o por si tienes dos en mente que quieres abordar de inmediato.

Mi mayor dificultad para ayudarte tiene que ver con tus expectativas respecto a los tiempos. Dominar algo exige tanto impaciencia como paciencia. La impaciencia sirve para tener una predisposición que te lleve a la acción, a no desperdiciar el tiempo y a trabajar con cierta sensación de urgencia cada día; por su parte, la paciencia sirve para posponer la satisfacción, para esperar a que las acciones se vayan acumulando y para tener confianza en el proceso. Este libro de ejercicios está pensado para ayudarte con ambas y para que pongas hoy en práctica lo que te beneficiará a largo plazo. Si he hecho bien mi trabajo, estos ejercicios te ayudarán a dedicar más tiempo a construir el hábito en cuestión con más cuidado, y a mantenerlo durante más tiempo, que si no tuvieses este libro.

Y con esto llegamos a la última recomendación sobre cómo aprovechar al máximo este libro de ejercicios. No existe una única forma de construir hábitos mejores, sino muchas. Mi enfoque consiste en empoderar, no en prescribir. Un hábito que a una persona le puede beneficiar podría ser perjudicial para otra, y una estrategia de creación de hábitos que puede funcionarle bien a tu amigo a ti te puede resultar totalmente inútil. No tengo interés en decirte qué hábitos deberías construir o qué decisiones deberías tomar. No; lo que quiero es empoderarte y proporcionarte las ideas y estrategias necesarias para que puedas tomar tus propias decisiones y hacer todo aquello que quieres hacer.

Por eso aquí encontrarás muchas estrategias. Mi intención no es que termines adoptándolas todas; es más, me da igual si te saltas la mitad de los ejercicios. Lo que sí espero es que te quedes con la sensación de que cuentas con una caja de herramientas repleta de opciones entre las que elegir, y que encuentres las que te funcionen mejor. Selecciona las que te vayan bien y deja las demás.

CÓMO EMPEZAR

Sí hay un consejo que me gustaría darte, y es que trabajes siempre con la vida que tienes. Y es que la vida es dinámica, no estática, y lo que te funciona seguramente irá cambiando con el tiempo. Estamos en constante evolución, lo que significa que puede ocurrir que un hábito o una estrategia que en su momento te funcionaron hayan dejado de irte bien.

Ciertos cambios vitales, como mudarse de ciudad, empezar una relación, tener un trabajo nuevo o tener un hijo, entre tantos otros, pueden cambiarte la vida drásticamente y hacer que tus viejos hábitos queden obsoletos. No seas prisionero de los hábitos del pasado: en lugar de invertir tu tiempo en tratar de forzar esos viejos hábitos, utilízalo para dar forma a otros nuevos que sí se ajusten al contexto actual de tu vida.

Uno de los dichos que más me gusta dice: «No corras, pero tampoco esperes». Todos tenemos algo que nos gustaría conseguir. Si hay algo que te gustaría hacer, realízalo. La muerte también les llega a los más atareados; no se detendrá para volver en otro momento que te venga mejor. Casi nunca parece el momento perfecto para hacer las cosas. Acepta tu situación actual, desarrolla la voluntad de adaptarte a ella y da un primer pasito.

Tal vez hoy sea la mejor oportunidad que tengas para pasar a la acción. Cuanto más esperes, más te atarás al estilo de vida que llevas ahora. Los hábitos se solidifican, las creencias se endurecen, nos acomodamos. Nunca es fácil, pero también es posible que jamás vuelva a ser más fácil de lo que es ahora. Cuando procrastinas y dejas algo importante para más adelante, estás optando por posponer un futuro mejor.

Con este libro de ejercicios empieza tu transformación. Pongámonos manos a la obra.

JAMES CLEAR, 2025

PRIMERA PARTE

Los cimientos

Es increíble lo que puedes construir si no te detienes.

LA CIENCIA DEL HÁBITO

Un breve repaso de la teoría del cambio de conducta

ANTES DE PONERNOS A PRACTICAR el cambio de conducta, dediquemos un momento a repasar los conceptos clave que hay que tener en cuenta para entender la teoría que lo sostiene. Si acabas de leer *Hábitos atómicos*, puedes pasar directamente al apartado de «Valoración de hábitos», pero si hace tiempo que lo leíste o crees que te vendría bien un repaso, sigue leyendo. Todo lo que veremos en este libro de ejercicios parte de estos principios, así que es fundamental que los entiendas.

UN 1% MEJOR CADA DÍA

Normalmente, el enfoque que se aplica a la superación personal consiste en marcarse un objetivo importante y tratar de dar pasos gigantescos para lograrlo en el menor tiempo posible. Con demasiada frecuencia nos convencemos de que los cambios solo importan si traen consigo un resultado grande y visible. Ya sea ponernos fuertes, emprender un negocio, viajar por el mundo o cualquier otro objetivo, nos sometemos a mucha presión para implementar una mejora trascendental que deje asombrado a todo nuestro entorno.

El éxito es el resultado de los hábitos diarios, no de transformaciones puntuales.

Aunque en teoría suene de maravilla, suele desembocar en desgaste, frustración y fracaso. Y lo cierto es que, si bien una mejora de tan solo un 1 % diario no es destacable (y a veces ni siquiera se pueda apreciar), puede ser igual de significativa, sobre todo a largo plazo.

Es muy fácil ignorar el valor de tomar decisiones un poco mejores cada día. Y es que mantener las rutinas más básicas no impresiona a nadie, enamorarse del aburrimiento no tiene nada de emocionante y mejorar un 1 % no es digno de ser noticia.

Pero hay algo que se debe tener en cuenta, y es que funciona.

Al principio apenas se puede distinguir entre tomar una decisión que es un 1 % mejor o no hacerlo (o que, en otras palabras, hoy no te afectará demasiado). Pero con el tiempo, estas pequeñas mejoras se suman y de pronto ves una distancia enorme entre las personas que toman decisiones un poquito mejores cada día y las que no.

Y aquí viene el remate final: si mejoras un 1 % todos los días durante un año, para cuando termines serás 37 veces mejor de lo que eras. Seguramente es un resultado mucho más destacable de lo que habrías esperado, incluso de un salto heroico puntual, y aun así podrás alcanzarlo si haces un cambio diminuto al día.

1% MEJOR CADA DÍA

1 % peor cada día durante un año. $0{,}99^{365} = 00{,}03$
1 % mejor cada día durante un año. $1{,}01^{365} = 37{,}78$

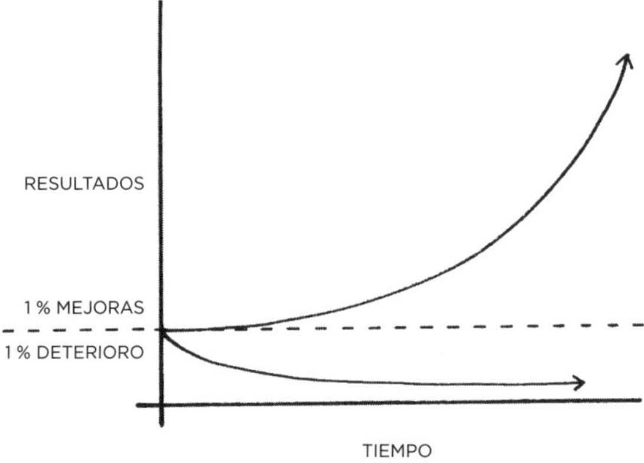

Por eso las decisiones pequeñas no nos afectan demasiado en el momento, pero a largo plazo se van sumando.

Pero aquí reside el punto clave: si la acumulación positiva es cierta, también lo es lo contrario. Si empeoras un 1 % todos los días durante un año, empeorarás hasta llegar casi a cero. La lección es que lo que empieza siendo una pequeña victoria, o un contratiempo menor, acaba convirtiéndose en algo mucho más grande.

Por eso, el primer concepto importante cuando se trata de cambiar una conducta es el papel fundamental de la superación personal continua. Una modificación diminuta puede cambiarlo todo. Si quieres predecir adónde llegarás en la vida, basta con que sigas la curva de las ganancias y pérdidas diminutas y cómo se irán acumulando tus decisiones diarias a diez o veinte años vista.

Por eso no importa lo bien o lo mal que lo lleves ahora mismo. Lo que importa es si tus hábitos te están encaminando al éxito. Centrarte en tu trayectoria actual y no en los resultados actuales te servirá mucho más como indicador de adónde irás a parar.

Así que deja de obsesionarte por lo grande y empieza a centrarte en lo pequeño, porque ahí está la clave para construir la vida que quieres.

El tiempo magnifica el margen entre el éxito

y el fracaso. Multiplicará lo que le des.

Los buenos hábitos hacen del tiempo tu aliado.

LA MESETA DEL POTENCIAL LATENTE

Algo que conviene tener muy en cuenta cuando hablamos del cambio acumulativo es que el crecimiento exponencial sucede de una forma que no es fácil de entender. Cuando hacemos cambios, nuestro cerebro espera ver una progresión lineal ascendente en la que se aprecia una mejora constante y continua. Eso es lo que hace tan atractivos los grandes cambios: los resultados inmediatos. Cuando cambiamos algo de esta forma, las fases iniciales nos hacen sentir de maravilla. O, al menos, hasta que llega el desgaste inevitable y abandonamos el proyecto.

> *Pueden pasar años antes de que un cambio se materialice. El dominio requiere paciencia.*

Pero cuando vamos mejorando un 1 % cada día, ocurre lo contrario. Dado que los cambios iniciales son tan pequeños, puede pasar cierto tiempo hasta que los efectos se hagan visibles. Eso puede llevar a un período que yo llamo «abismo de desilusión» y que aparece cuando los resultados no van de la mano de las expectativas. Puede que parezca que unas semanas o meses de mejoras diarias de un 1 % no aportan demasiado, lo que puede resultar desalentador y hacer que abandones. Pero si aún no has notado ninguna mejora, no es

LA MESETA DEL POTENCIAL LATENTE

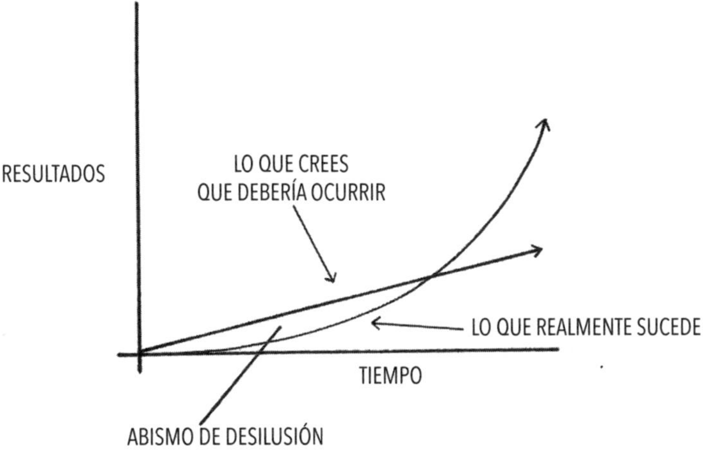

porque no esté ocurriendo, sino porque todavía no ha atravesado el umbral de la visibilidad. A ese umbral yo lo llamo «meseta del potencial latente», y es el momento en que los resultados y las expectativas se alinean por fin y empiezas a ver cambios.

La buena noticia es que, una vez que se deja atrás esa meseta, puede parecer que el cambio está ocurriendo a lo grande y de golpe. Todo tu esfuerzo parece dar fruto por fin, y el objetivo último puede exceder incluso tus expectativas más descabelladas.

Cuando emprendas el camino de la mejora continua, recuerda que el cambio está ahí aunque no lo veas. La clave está en no tirar la toalla durante el tiempo suficiente como para empezar a cosechar los resultados. Ten paciencia y date tiempo para cruzar la meseta.

Cuando por fin dejes atrás la meseta del potencial latente, te dirán que ha sido un éxito de la noche a la mañana. El mundo exterior solo ve los hechos más espectaculares y no todo lo que los ha precedido. Pero tú sabes que se debe al trabajo que hiciste hace ya mucho, cuando parecía que no estabas avanzando.

SISTEMAS, MEJOR QUE METAS

Otro error que se suele cometer cuando se intenta cambiar de hábitos es centrarse en lograr una meta. Esta estrategia se defiende en muchos contextos, desde el colegio hasta el trabajo, pasando por el gimnasio: si quieres alcanzar el éxito, márcate unas metas específicas y prácticas y no las pierdas de vista.

Las metas son para quienes solo quieren ganar una vez; los sistemas son para quienes quieren ganar una y otra vez.

El problema de este enfoque es que no funciona. ¿Por qué? Porque los resultados tienen muy poco que ver con las metas y muchísimo con los sistemas.

Las metas son los resultados que quieres alcanzar, mientras que los sistemas son los procesos que conducen a esos resultados. No es fácil alcanzar el éxito si te centras únicamente en el objetivo final y no en cómo vas a conseguirlo. ¿Significa eso que las metas no sirven para nada? ¡En absoluto! Van muy bien para marcar una dirección, pero los sistemas son necesarios para avanzar de verdad. Tratar de alcanzar una meta nueva con el mismo sistema que has estado empleando es una pérdida de tiempo. Un mismo sistema siempre te llevará a una misma meta. Eso significa que, si quieres alcanzar una meta nueva, debes diseñar un sistema nuevo que te lleve a ella. No te elevas al nivel de tus metas. Desciendes al nivel de tus sistemas.

Si te está costando cambiar tus hábitos, el problema no eres tú ni que te falte motivación. El problema es tu sistema. Los hábitos negativos se repiten una y otra vez no porque tú no quieras cambiar, sino porque tienes un sistema inadecuado para efectuar ese cambio. Si cambias el sistema, cambiarás tu vida.

Cuando te enamoras del proceso y no del resultado, no tienes que esperar a darte permiso para ser feliz. Puedes sentirte satisfecho siempre que tu sistema esté en funcionamiento.

HÁBITOS BASADOS EN LA IDENTIDAD

El otro problema que surge al concentrarse en una meta es que abordar el cambio de esta forma es sumamente difícil, lo que se debe a dos razones: la primera es que no proporciona un proceso que te permita llegar a la meta (como acabamos de ver), y la segunda es que no tiene en cuenta cómo funciona la psicología.

Deja de preocuparte por los resultados y empieza a preocuparte por tu identidad. Conviértete en el tipo de persona que puede lograr aquello que quiere lograr.

A grandes rasgos, nuestras conductas son la expresión más externa de nuestra identidad más interna, es decir, de nuestros valores y creencias y del concepto que tenemos de nosotros mismos. Si te ves como un corredor, lo más probable es que corras a menudo. Si te consideras músico, lo más probable es que dediques tiempo a practicar con un instrumento. Si te consideras emprendedor, lo más probable es que seas bastante proactivo. Cuando nos identificamos de una forma concreta, realizar los comportamientos que se alinean con esta identidad resulta sencillo. Al fin y al cabo, no sientes que te estés esforzando, sino que estás siendo tú mismo. Los comportamientos que nos parecen una lata son los que son incongruentes con la propia identidad: ahorrar aunque te identifiques como alguien a quien le encanta ir de compras, decir que no a un cigarrillo a pesar de que te identificas como fumador. Estas acciones pueden resultar difíciles porque las sentimos como algo que estamos tratando de hacer y no como algo que somos de forma orgánica. Los buenos hábitos pueden tener mucho sentido desde el punto de vista racional, pero si entran en conflicto con tu identidad, no conseguirás ponerlos en práctica.

Por eso, la clave para construir hábitos duraderos reside en centrarse primero en crear una identidad nueva. Tus conductas actuales no son más que un reflejo de tu identidad actual. El auténtico cambio de conducta se traduce en un cambio de identidad. Puede que adoptes un nuevo hábito porque te sientes motivado, pero la única razón por la que no lo dejarás es que pasa a formar parte de tu identidad. Para cambiar tu conducta de forma definitiva, debes empezar a creer cosas nuevas sobre ti mismo.

Si te ves como alguien que se muerde las uñas, te costará mucho intentar no mordértelas, porque parece que eso va en contra de quien eres. Pero si te consideras alguien que no se muerde las uñas, resultará que ese cambio de conducta no se te hace tan cuesta arriba.

La conexión entre la identidad y la acción es un ciclo que se retroalimenta solo. Cuanto más cambies la perspectiva desde la que ves tu propia identidad, de forma que se alinee con tus objetivos («No soy alguien que se muerde las uñas: soy una persona que se cuida las manos»), más probable será que seas capaz de poner en práctica la conducta en cuestión. Al mismo tiempo, cuanto más pongas en práctica los hábitos que se asocian a una identidad en concreto, más habitarás dicha identidad.

¿Cómo se pone todo esto en práctica? Es un proceso que consta de dos pasos:

1. Decide qué tipo de persona quieres ser.
2. Demuéstratelo a base de pequeñas victorias.

Decide quién quieres ser y utilízalo como punto de partida, teniendo en cuenta las conductas que definen a ese tipo de persona. Entonces, empieza a adoptarlas. Cada paso que des será un punto a favor de la persona en la que te quieres convertir. Cuanto más actúes como la identidad que estás intentando personificar, más sentirás que habitas esa identidad y más sencillo te resultará seguir actuando de esa forma. Es una inercia que se va volviendo más fácil con el tiempo.

Esta es la razón real por la que los hábitos importan. No porque te ayuden a conseguir ciertas cosas, sino porque te ayudan a convertirte en la persona que quieres ser. Céntrate en quién quieres ser, no en lo que quieres hacer, porque esa es la forma más sencilla de crear una vida que te fascine.

El proceso de crear hábitos es en realidad

el proceso de convertirse en uno mismo.

EL CICLO DE LOS HÁBITOS

Un hábito es un comportamiento automático que se ha formado porque tu cerebro ha codificado un ciclo que se retroalimenta. Cuando te enfrentas a un problema nuevo, tu cerebro prueba una solución nueva para solventarlo. Si la solución que ha probado no funciona, el cerebro lo considera un fracaso y no codifica nada. Pero si la solución que ha probado tiene como resultado algo positivo —una recompensa—, el cerebro toma nota de la conducta que lo ha llevado hasta ahí. La próxima vez que te enfrentes al mismo problema, el cerebro probará la solución que le funcionó previamente, y si vuelve a culminar en una recompensa, la solución quedará todavía más codificada. Y si te enfrentas a ese problema una y otra vez, tu cerebro automatizará el proceso para resolverlo. Eso son los hábitos: una serie de soluciones automáticas que resuelven los problemas y los factores de estrés a los que te enfrentas habitualmente.

Esta naturaleza automática es la que explica por qué, una vez formado el hábito, lo seguimos sin pensar siquiera, lo cual es increíblemente poderoso. Significa que eres capaz de realizar un hábito con el piloto automático puesto, sin tener que gastar la valiosa y limitada energía de tu cerebro pensando en ello de manera consciente. Los hábitos nos ahorran energía, ya que reducen la carga cognitiva y liberan capacidad mental para ocuparse de otras tareas. Construir hábitos en el presente te permitirá en un futuro poder hacer más lo que quieres. Pero esa naturaleza automática también significa que, una vez que se han formado, puede ser muy difícil romperlos.

Entonces, ¿cómo se forman los hábitos?, ¿y cómo se rompen?

El proceso de construir un hábito se puede dividir en cuatro pasos sencillos: señal, anhelo, respuesta y recompensa. Este patrón de cuatro pasos es la columna vertebral de todo hábito, y tu cerebro sigue estos pasos en el mismo orden cada vez.

Señal: es aquello que da pie a que tu cerebro inicie la conducta. Es la información que indica que puede haber una recompensa cerca.

Anhelo: es la fuerza motivacional que hay detrás de cada hábito. Es el deseo de que algo cambie en tu estado interno, y es la forma que el cerebro tiene de interpretar la señal, transformándola de un mero sonido o imagen en un problema que hay que resolver.

Respuesta: es el hábito que realizas, ya sea en forma de pensamiento o de acción. La respuesta es la solución al problema.

Recompensa: se trata del objetivo último de todo hábito, de lo que esperabas conseguir realizando el hábito en cuestión.

La señal tiene que ver con advertir la recompensa; el anhelo tiene que ver con querer la recompensa; la respuesta tiene que ver con obtener la recompensa; y la recompensa nos satisface y nos enseña que realizar un hábito concreto comporta una recompensa. Juntos, estos cuatro pasos forman un ciclo neurológico que te permite crear hábitos automáticos. Este ciclo se conoce como el «ciclo de los hábitos».

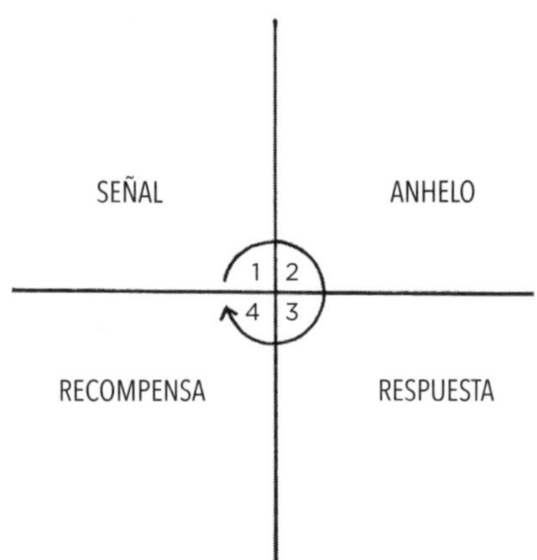

Para ver cómo funciona en la práctica en tu propia vida, selecciona unos cuantos hábitos —un par que sean positivos y otro par que sean negativos— que repitas a diario, e identifica la señal, el anhelo, la respuesta y la recompensa de cada uno de ellos. Puesto que los hábitos son automáticos, identificarlos puede resultar más complicado de lo que parece. Pero es fundamental que adquieras esta habilidad para poder romper los hábitos que ya tienes y construir otros nuevos y sólidos.

Hábito: ______________________

Señal	Anhelo
1	2
4	3
Recompensa	Respuesta

Hábito: ______________________

Señal	Anhelo
1	2
4	3
Recompensa	Respuesta

Hábito: ______________________

Señal	Anhelo
1	2
4	3
Recompensa	Respuesta

Hábito: ______________________

Señal	Anhelo
1	2
4	3
Recompensa	Respuesta

LAS CUATRO LEYES DEL CAMBIO DE CONDUCTA

El ciclo de los hábitos nos enseña a entender nuestros hábitos, pero no nos ayuda especialmente a saber cómo construirlos o romperlos. Para ello necesitamos las Cuatro Leyes del Cambio de Conducta, las cuales transforman los cuatro pasos de la construcción de hábitos en un conjunto de reglas sencillas para crear buenos hábitos y romper los perjudiciales. Estas leyes nos muestran cómo forjar buenos hábitos, y las mismas leyes invertidas nos muestran cómo romper los malos hábitos. Podríamos decir que cada ley es una palanca que influye en el comportamiento humano. Cuando las palancas están en la posición correcta, crear buenos hábitos es facilísimo. En cambio, cuando están en la posición incorrecta, es casi imposible. Son las siguientes:

El ciclo de los hábitos	LAS CUATRO LEYES DEL CAMBIO DE CONDUCTA	
	Construir buenos hábitos	**Eliminar malos hábitos**
1. Señal	Primera Ley: *hacerlo obvio*	Inversión de la Primera Ley: *hacerlo invisible*
2. Anhelo	Segunda Ley: *hacerlo atractivo*	Inversión de la Segunda Ley: *hacerlo poco atractivo*
3. Respuesta	Tercera Ley: *hacerlo sencillo*	Inversión de la Tercera Ley: *hacerlo difícil*
4. Recompensa	Cuarta Ley: *hacerlo satisfactorio*	Inversión de la Cuarta Ley: *hacerlo insatisfactorio*

Las cuatro leyes son la manera que tenemos de asimilar la teoría que hemos estado viendo y llevarla a la práctica, convirtiendo la idea en algo que podamos usar para cambiar el rumbo de nuestra vida.

En lo que queda de libro, después de dedicar un momento a valorar nuestro conjunto de hábitos, nos centraremos en las cuatro leyes. Profundizaremos en ellas en detalle y practicaremos cómo usarlas para construir buenos hábitos y romper los malos.

VALORACIÓN DE HÁBITOS

Entiende tus hábitos actuales y planifícate para el éxito

EL PODER DE LA VALORACIÓN

Antes de empezar a cambiar tus hábitos, es esencial que hagas una valoración. Sí, ya sé que no es la parte más emocionante del proceso, porque cuando uno está motivado para cambiar lo que quiere es pasar directamente a la acción: empezar con la nueva rutina matutina, descargarse la aplicación de meditación o apuntarse al gimnasio. Pero lo cierto es que cambiar cosas antes de entender qué hace falta cambiar no beneficia a nadie.

La valoración es necesaria para garantizar dos cosas fundamentales: que estás resolviendo el problema adecuado y que lo estás resolviendo de la forma correcta. Es increíble lo fácil que es pasar meses de esfuerzo optimizándote para un comportamiento que no toca o persiguiendo un objetivo que no se alinea con la vida que quieres construir. Sin la valoración caemos en las presuposiciones, y las presuposiciones casi siempre son incorrectas.

En este apartado romperemos ese patrón, y para ello empezaremos tomando conciencia. Las valoraciones generan claridad; revelan los patrones ocultos que rigen nuestro día a día, ponen de manifiesto las presuposiciones falsas que no nos han permitido avanzar y ponen ante nosotros unas oportunidades que de otra forma podríamos pasar por alto. Y, sobre todo, se encargan de que, cuando decidimos empezar a escalar, estemos subiendo la montaña acertada.

Para hacerlo de forma efectiva, usaremos lo que yo llamo el «marco

ABZ». La *A* representa una valoración honesta de la realidad actual, no dónde crees que estás o te gustaría estar. La *Z* representa adónde quieres llegar: la persona en la que te quieres convertir y la vida que quieres vivir. De la *B* a la *Y* tenemos los pasos que hay que seguir para ir de la *A* a la *Z*. He aquí el punto clave: la mayoría cree que para ir de la *A* a la *Z* hace falta planificar cada paso desde la *B* hasta la *Y*. Pero no es así. Solo hace falta saber cuál es la *B*. El camino hasta la *Z* no es más que una sucesión de *B*.

En este apartado empezaremos abordando la *A* y la *Z*; valoraremos tu realidad actual sin juzgarla y determinaremos adónde quieres ir. Al final, serás capaz de definir la *B* —el siguiente paso correcto—, que es el hábito a cuyo dominio nos dedicaremos durante el resto de este libro de ejercicios. Cada apartado te proporcionará una serie de estrategias para que explores cada elemento, y tengo la esperanza de que alguna te llame la atención. No te preocupes si no todo te funciona y céntrate en lo que te resulte más útil.

Recuerda que lo único que tienes que hacer para llegar a la *Z* es repetir la *B* muchas veces. Un pasito, luego otro, luego otro. Así es como se sube a las montañas y como se transforman las vidas.

TU REALIDAD ACTUAL

El éxito no es un objetivo que hay que alcanzar

ni una línea de meta que hay que cruzar.

Es un sistema que hay que mejorar,

un proceso infinito que hay que refinar.

Panorama general

¿Cómo valorarías el nivel de satisfacción que sientes actualmente respecto a tu vida personal y profesional? ¿Por qué?

Personal

1 2 3 4 5

¿Por qué? ________________________________

Profesional

1 2 3 4 5

¿Por qué? ________________________________

¿Cuáles son tus tres prioridades principales en este momento?

1. ________________________________

____

____

2. ________________________________

____

____

3. ________________________________

____

____

¿En qué estás mejorando actualmente?

____

____

____

____

____

____

¿En qué proyectos importantes estás trabajando? ¿Cómo va cada uno?

Proyecto	Cómo va

¿Qué obligaciones innegociables forman parte de tu vida en la actualidad?

- ____
- ____
- ____
- ____
- ____
- ____

¿Qué te va bien en la vida y qué no?

Va bien	No va bien

¿Qué cosas te están impidiendo avanzar y cómo podrías superarlas?

¿Cuáles son los aspectos más importantes de tu vida que sabes que te gustaría cambiar? ¿Por qué?

Análisis de tiempo y energía

A menudo pensamos que todas las horas del día tienen el mismo potencial. Si pasamos 16 horas despiertos, nos decimos que disponemos de 16 horas para dedicarlas a todo lo que queremos hacer. Pero no es así. Resta las horas que necesitas para ocuparte de tus necesidades básicas y de las responsabilidades diarias y el tiempo que transcurre entre una actividad y la siguiente, y verás como te quedan muchas menos. Y si además tenemos en cuenta que, en las horas restantes, la energía y la capacidad de concentración se mantienen elevadas durante poco tiempo, aún nos quedan menos.

Lo cierto es que solo contamos con entre dos y seis horas de calidad al día. Entender cuáles son tus horas de calidad es fundamental para que puedas usarlas bien, sobre todo cuando se trata de trabajar tus hábitos. Si construyes unos hábitos que encajen con el tiempo y la energía de los que dispones, te estarás encaminando hacia el éxito. Si construyes hábitos que no encajen contigo, terminarás fracasando.

Optimizar tu tiempo no tiene que ver con cómo disponer de más horas durante el día, sino con cómo maximizar las que ya tienes.

Empecemos haciendo un análisis de tu tiempo y energía. A lo largo de la próxima semana, para cada hora del día que pases despierto, describe con una palabra lo que estabas haciendo (por ejemplo, «cocinar») y marca cómo

Hora	Lunes	Martes	Miércoles	Jueves	Viernes	Sábado	Domingo
04:00							
05:00							
06:00							
07:00							
08:00							
09:00							
10:00							
11:00							
12:00							
13:00							
14:00							
15:00							

estabas de energía. Así es como podrás determinar tus mejores horas. Importante: refleja tu semana tal como es y no trates de aumentar tu productividad. Es esencial que seas preciso.

Hora	Lunes	Martes	Miércoles	Jueves	Viernes	Sábado	Domingo
16:00							
17:00							
18:00							
19:00							
20:00							
21:00							
22:00							
23:00							
00:00							
01:00							
02:00							
03:00							

Fíjate en la tabla y en los patrones que han surgido.

¿A qué dedicas más tiempo?

- ______________________________
- ______________________________
- ______________________________
- ______________________________
- ______________________________

¿Cuántas horas buenas, de calidad y con energía tienes al día? ¿Cuáles son?

____

____

____

____

¿Qué actividades tienen asignadas actualmente estas horas de calidad?

____

____

____

____

¿Cuáles son las horas en las que tienes menos energía?

¿Qué quieres hacer durante tus mejores horas? ¿Y durante las restantes?

Mejores horas	Restantes

Ahora pensemos en el panorama general. ¿Qué crees que está acaparando más atención o tiempo del que debería?

¿Cuál es tu mayor fuente actual de estrés o qué te resta más energía mental?

Hacer cambios es difícil, y querer cambiar demasiadas cosas a la vez terminará quemándote. Antes de ponerte a cambiar hábitos, ¿qué tipo de cambios o transiciones importantes estás ya atravesando o prevés atravesar en un futuro próximo? Ser consciente de ello te ayudará a decidirte por los cambios adicionales cuya adopción tiene más sentido para ti en estos momentos.

___

___

___

___

___

___

___

___

___

Intentos previos

Al diseñar hábitos para el futuro, nuestro historial es una de las herramientas más poderosas de las que disponemos. Observar qué nos ha funcionado y qué no nos aporta datos sumamente útiles a la hora de elaborar planes para el futuro.

Primero, piensa en los hábitos más beneficiosos que has seguido —o sigues— a lo largo de tu vida. Anótalos a continuación junto a lo que ha hecho que tuviesen un impacto positivo.

Hábito	Por qué es positivo

Ahora vuelve a pensar en tus hábitos pasados o actuales, pero esta vez fíjate en cuáles has conseguido mantener más. Anótalos a continuación junto a por qué crees que han resistido.

Hábito	Por qué ha resistido

Teniendo en cuenta tu historial, reflexiona sobre qué ha hecho que ciertos hábitos sean positivos y hayan resistido. ¿Qué patrones ves y qué conclusiones puedes extraer de ellos?

Ahora fíjate en tus intentos de construir y romper ciertos hábitos. A continuación, haz una lista de los intentos recientes o importantes de cambiar tu comportamiento que consideres que han sido fructíferos. Trata de pensar en hábitos que hayas intentado construir y romper. En cada caso, escribe qué te funcionó.

Hábito	Crear/romper	¿Qué funcionó?

Ahora haz el mismo ejercicio, pero piensa en qué no funcionó. Para cada intento, escribe qué no funcionó y si el obstáculo en cuestión fue interno o externo.

Hábito	Crear/romper	Qué no funcionó	Obstáculo interno/externo

Fíjate en tu historial y reflexiona sobre qué te ha funcionado y qué no cuando se trata de cambiar una conducta. ¿Qué patrones ves y qué conclusiones puedes extraer de ellos?

____

____

____

____

____

____

____

____

Inventario de hábitos actuales

Ha llegado el momento de observar con detalle tu panorama de hábitos actual. Aunque creas que tienes una idea bastante clara de tus hábitos diarios, su carácter automático conlleva que a menudo seamos menos conscientes de ellos de lo que pensamos. Una de las herramientas más poderosas para dar más visibilidad a los hábitos es también la más sencilla: la tabla de puntuaciones de los hábitos.

En la página siguiente encontrarás tres tablas de este tipo: una para la rutina matutina, otra para la de la tarde y una tercera para cualquier otro momento del día en que consideres que tu rutina es importante. En cada caso, completa la primera columna mientras llevas a cabo la rutina y anota todo lo que hagas.

Después, repasa la información y marca cada hábito como positivo (+), neutro (=) o negativo (-), según si crees que dicho hábito te beneficiará a largo plazo. Luego explica por qué lo has marcado como lo has hecho. Recuerda que el objetivo no es que te juzgues, sino que seas más consciente de tus comportamientos.

TABLA DE LA MAÑANA

Hábito	Puntuación (+ / = / –)	Explicación de la puntuación

¿Qué conclusiones extraes? ¿Hay algún hábito que quieras eliminar o cambiar? ¿Alguno que quisieras añadir?

____

____

____

____

____

TABLA DE LA TARDE

Hábito	Puntuación (+ / = / –)	Explicación de la puntuación

¿Qué conclusiones extraes? ¿Hay algún hábito que quieras eliminar o cambiar? ¿Alguno que quisieras añadir?

____

____

____

____

____

TABLA ADICIONAL

Aunque las mañanas y las tardes son los momentos del día en que la mayoría seguimos unas rutinas fijas, a menudo hay otros momentos del día o de la semana que también se rigen por una rutina. ¿Consideras que te sería útil reflexionar sobre tu rutina en algún otro momento? Quizá sea el momento en el que llegas a casa del trabajo, o las tardes de los domingos, mientras te preparas para la semana. Si es el caso, utiliza la tabla siguiente para puntuar dicha rutina.

Momento: ____________________

Hábito	Puntuación (+ / = / –)	Explicación de la puntuación

¿Qué conclusiones extraes? ¿Hay algún hábito que quieras eliminar o cambiar? ¿Alguno que quisieras añadir?

Reflexión

Ahora vuelve a mirar las respuestas que has ido añadiendo en este apartado. ¿Qué patrones han surgido? ¿Cómo resumirías el punto *A*, es decir, tu punto de partida actual? ¿Qué te está funcionando, qué no y qué parámetros debes tener en cuenta a la hora de implementar cambios?

ADÓNDE QUIERES LLEGAR

La claridad es libertad. Si sabes qué es importante para ti, serás libre para ignorar todo lo demás.

Borrón y cuenta nueva

Cuando imaginamos adónde queremos llegar, solemos asumir que nuestra vida y nuestros compromisos actuales son inmutables y que tenemos que trabajar a partir de ellos. El problema es que el tiempo es un recurso limitado, y si nunca te replanteas dichos compromisos, nunca tendrás tiempo para los grandes cambios que pueden ser necesarios.

Pero ¿y si adoptas la perspectiva contraria? Para este ejercicio, haz borrón y cuenta nueva. En lugar de dar por hechos tus compromisos y responsabilidades actuales, vuelve a la casilla de salida. Si tuvieses que construir tu vida desde cero, ¿cómo querrías que fuese? Con esto no pretendo decirte que no debas trabajar dentro de tu contexto real, sino que te permitas imaginar la vida que quieres sin sentirte limitado por tus obligaciones actuales. Y es que, si te pones límites demasiado rápido durante la fase de ideación, no conseguirás descubrir qué es lo que quieres.

Para empezar, ¿qué compromisos tendrías? Puedes incluir tanto los compromisos que ya tienes como los que te gustaría tener, pero asegúrate de que añades solo aquello que de verdad quieres.

- ____________________
- ____________________
- ____________________
- ____________________
- ____________________
- ____________________
- ____________________

Y ahora: ¿qué compromisos no tendrías? Pensar en aquello a lo que no queremos dedicar tiempo puede ser aún más importante que pensar en a qué sí.

- ______________________________
- ______________________________
- ______________________________
- ______________________________
- ______________________________
- ______________________________
- ______________________________
- ______________________________

Cuando dices «no», solo estás diciendo «no» a una opción. Cuando dices «sí», estás diciendo «no» a todas las demás opciones. El «no» es una decisión; el «sí» es una responsabilidad. Ten cuidado con a qué (y a quién) dices «sí», porque definirá tu día, tu carrera, tu familia, tu vida.

Ahora, piensa en cómo quieres pasar tu tiempo. A continuación, imagina tu día ideal. ¿Cómo sería? ¿Cómo usarías tu tiempo? Si te ayuda, piensa en las conclusiones que has extraído durante el ejercicio «Análisis de tiempo y energía».

Mañana	
Mediodía	
Tarde	

Fíjate en las respuestas que has dado y reflexiona sobre lo que has extraído de estos ejercicios. ¿Qué has aprendido sobre lo que quieres que esté presente en tu vida? ¿Qué has aprendido sobre lo que no quieres que esté presente en tu vida?

Tu futuro ideal

Ahora permítete soñar a lo grande. ¿Qué objetivos importantes albergas al empezar este proceso?

- ______________________________________
- ______________________________________
- ______________________________________
- ______________________________________
- ______________________________________
- ______________________________________

A menudo creemos que nuestros objetivos ocurrirán en un punto indefinido del futuro, pero pensar en términos temporales concretos te puede ayudar a ganar claridad. ¿Cómo esperas que tu vida sea…?

Dentro de seis meses	Dentro de dos años	Dentro de diez años

Dado que tanto establecer objetivos como cambiar conductas tiene que ver en última instancia con hacer cambios, ¿qué cambios importantes te gustaría ver en tu vida?

- ______________________________
- ______________________________
- ______________________________
- ______________________________
- ______________________________

La palabra *éxito* se pronuncia constantemente, pero para cada uno puede significar cosas muy distintas. Definir qué significa para ti es crucial para alcanzarlo. ¿Qué es el éxito para ti?

____

____

____

____

____

____

____

Cuando tratamos de fijarnos objetivos, a menudo optamos por marcarnos metas profesionales o económicas, pero en la vida hay muchos otros aspectos que tener en cuenta. A continuación, escribe tu visión de cómo quieres que sea cada ámbito de tu vida. No todos estos ámbitos tienen la misma importancia para cada uno de nosotros, pero no pasa nada.

Bienestar físico	**Salud mental**	**Carrera profesional**
Relaciones y conexiones sociales	**Aprendizaje**	**Seguridad y libertad económica**
Ocio y diversión	**Creatividad**	**Comunidad y aportaciones**
Espiritualidad	**Familia**	**Legado**

Tu identidad ideal

Otra forma de encontrar el punto al que quieres llegar consiste en utilizar la idea de los hábitos basados en la identidad. En lugar de pensar en los objetivos que te quieres marcar y de visualizar tu futuro ideal, piensa en cómo sería tu yo ideal. ¿En quién te gustaría convertirte?

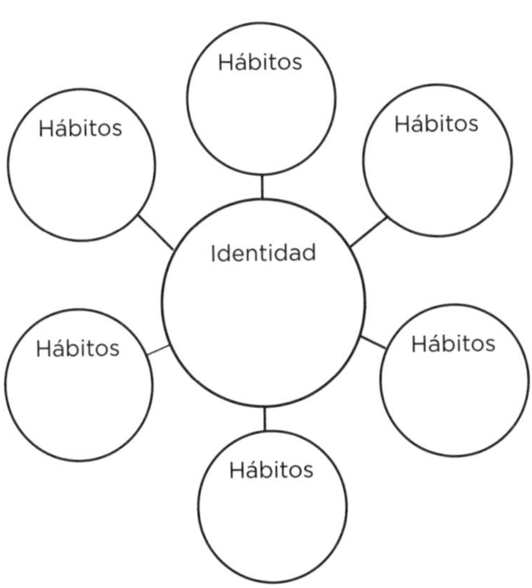

1. En los diagramas siguientes, haz una lista de las identidades que más te gustaría habitar en los círculos interiores. Pueden ser las que ya crees que te describen u otras nuevas. Si te encallas, piensa en los ámbitos de la vida que hemos visto antes.

2. Entonces, respecto a cada identidad que hayas anotado, piensa: «¿Qué hace esa persona?». Piensa en los hábitos o acciones que acompañan a dicha identidad y anótalos en los círculos exteriores.

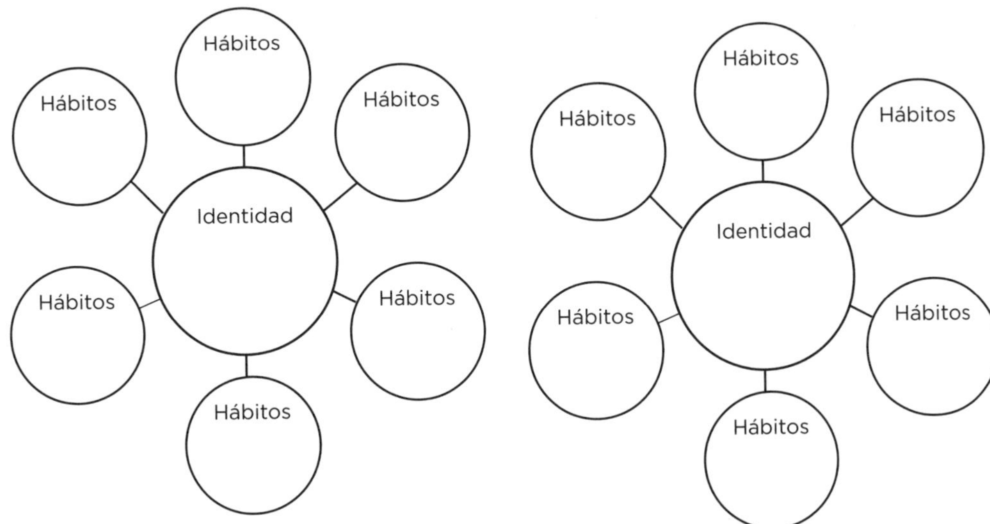

Marcarse objetivos

Ahora fíjate en los ejercicios que has hecho para imaginar adónde quieres llegar. ¿Qué patrones han surgido de las ideas que has ido anotando? ¿Qué conclusiones estás extrayendo sobre lo que quieres en la vida y adónde quieres llegar? ¿Qué no quieres?

Por último, y a partir de los ejercicios que acabas de hacer, elabora una lista de los objetivos concretos que te quieres marcar en este momento. Pueden surgir de ejercicios diferentes y ser distintos entre ellos. Por ahora, no pasa nada si tienen que ver con tu panorama general. Enseguida pasaremos a convertirlos en sistemas prácticos.

- ______________________________

  ____

- ______________________________

  ____

- ______________________________

  ____

- ______________________________

  ____

Muchas personas se esfuerzan durante años y acaban alcanzando un estilo de vida que no termina de ser el que querían, y a menudo esto ocurre porque nunca se pararon a definir claramente qué querían. Una hora dedicada a pensar puede ahorrarte una década de trabajo.

EL SIGUIENTE PASO

Empieza. Ve lento si es lo que necesitas.

Empieza por cosas pequeñas si es lo que necesitas.

No se lo cuentes a nadie si es lo que necesitas.

Pero empieza.

Objetivos → Sistemas

Ahora que nos hemos fijado en el punto de partida (*A*) y en el punto al que quieres llegar (*Z*) es el momento de establecer el siguiente paso (*B*). Pero ¿por dónde empezamos? Para responder a esa pregunta, basta con saber que, cuando hablamos de definir *B*, de lo que en realidad estamos hablando es de definir un sistema.

En «La ciencia del hábito» hemos visto la importancia de los sistemas y que, aunque los objetivos pueden ayudarnos a marcar una dirección, el sistema es el elemento fundamental cuando se trata de alcanzar una meta. La clave de la idea del ABZ reside en entender que estamos diciendo lo mismo. Si tu objetivo es *Z*, la *B* es el primer paso del sistema que aplicarás para llegar a ella, y la *A* te proporciona los datos que necesitas sobre tu realidad para construir un sistema que te funcione. En otras palabras: si la *Z* es el objetivo, la *B* es el hábito en el que te centrarás primero para conseguirlo.

Piensa entonces en cómo convertir tus objetivos en unos sistemas —y hábitos— en cuya construcción puedas centrarte.

1. Para empezar, vuelve a enumerar los objetivos que has identificado al final del apartado «Adónde quieres llegar».

2. Para cada objetivo, si ya lo tenías al empezar este proceso, anota cuál es tu sistema actual para alcanzarlo. Si todavía no tienes un sistema, escribe «Inexistente».

Objetivo	Sistema actual
1:	
2:	
3:	
4:	

3. Evalúa el sistema de cada objetivo. Escribe lo que creas que te está funcionando o lo que no (o ambas cosas). Entonces, puntúa la efectividad de cada sistema.

Objetivo	Evaluación del sistema	Puntuación de la efectividad
1:		1 2 3 4 5
2:		1 2 3 4 5
3:		1 2 3 4 5
4:		1 2 3 4 5

4. Para cada objetivo, determina cuál crees que sería el sistema ideal. Para diseñar tu sistema, fíjate tanto en la evaluación del sistema actual como en tus respuestas del apartado «Tu realidad actual». Piensa no solo en cuál es el sistema ideal, sino en cómo es ese sistema ideal para ti.

5. Desglosa cada sistema en los hábitos individuales que lo componen.

Objetivo	Sistema	Hábitos
1:		
2:		
3:		
4:		

Escoge tu hábito

Ya has hecho todo lo necesario para escoger el hábito en el que te quieres centrar. Puede ser un hábito que estás tratando de construir o un hábito que quieres romper, o una combinación de ambas cosas, como ocurriría si quisieras sustituir un hábito por otro.

Cuando te propones hacer un cambio, recomiendo encarecidamente trabajar siempre en un único hábito a la vez. Esto puede ser algo difícil de aceptar, porque a veces es tentador trabajar en muchos a la vez, sobre todo cuando acabas de hacer el ejercicio de sacar a la luz todos esos ámbitos de tu vida en los que quieres ver cambios. Pero cuantas más cosas trates de cambiar a la vez, menos éxito tendrás. Así que escoge un hábito y cuando esté implementado, pasa a elegir el siguiente. Por eso he dejado espacio en el libro para hacer la mayoría de los ejercicios dos veces, porque una vez que hayas terminado con un hábito, podrás hacer los ejercicios de nuevo para implementar otro.

Dicho esto, quiero que sepas que hay dos excepciones. La primera es que, si de verdad lo necesitas, es posible trabajar en dos hábitos a la vez, siempre que uno pertenezca a tu vida personal y el otro a la profesional. Estas dos esferas suelen estar lo suficientemente separadas como para que sea factible trabajar en cambiar un comportamiento en ambas sin acabar superado.

La segunda es que tienes permiso para cambiar de hábito a lo largo del tiempo. Comprometerse con un hábito no significa que tengas que concentrarte en él pase lo que pase hasta que esté plenamente integrado en tu vida. Por la razón que sea, puede que inicies el proceso y luego decidas que ese hábito no es para ti. Quizá te des cuenta de que en realidad no te está beneficiando, o decidas que no es la mejor forma de abordar tu objetivo. En estos casos, no te sientas culpable por cambiar y pasar a concentrarte en otro hábito. Lo más importante es que te centres siempre en lo que te está funcionando. Si mientras utilizas este libro de ejercicios consideras que cambiar de hábito te beneficiará, no dudes en hacerlo.

¿En qué hábito o hábitos te centrarás?

Hábito: ____

Hábito: ____

Comprobaciones

Antes de empezar a trabajar en tu hábito, debes someterlo a dos pruebas muy importantes. Si el hábito en cuestión no las pasa, no te ayudará y no funcionará.

1. ¿Resolverá el problema a nivel de rama o de raíz?

Lo primero es comprobar que el hábito que has elegido resolverá el problema que quieres solventar. Todos los hábitos son soluciones a un problema al que te enfrentas en la vida. Pero si inicias el proceso de cambiar una conducta y resulta que te das cuenta de que esa conducta nueva no resuelve el problema, no importará lo efectivo que seas a la hora de construir ese nuevo hábito, porque el problema seguirá sin solución.

Algo que ayuda mucho en este sentido es pensar que todos los problemas se pueden resolver a nivel de rama o a nivel de raíz. Si hoy podas las ramas de un arbusto, este año te ahorrarás un arañazo, pero el año que viene volverás a tener el mismo problema. Pero si hoy arrancas el arbusto de raíz, la planta se morirá. Por ejemplo, imaginemos que quieres resolver el problema de que no consigues dejar de mirar el celular antes de acostarte. Una solución a nivel de rama sería tomar melatonina y esperar que te entre suficiente sueño para dejar de mirar el teléfono a una hora decente. Una solución a nivel de raíz sería dejar el celular en otra habitación mientras duermes.

Dicho esto, ¿el hábito que has escogido va a resolver el problema a nivel de rama o de raíz?

A continuación, anota el problema que quieres que resuelva el hábito que has escogido y luego explica si lo resolverá a nivel de rama o de raíz.

Hábito	Problema que resuelve	Nivel de rama/de raíz

Si has descubierto que tu hábito está resolviendo el problema a nivel de rama, selecciona otro que sí resuelva el problema a nivel de raíz.

Hábito: ______________________________

Hábito: ______________________________

2. ¿Encajará con tu vida?

La segunda comprobación importante consiste en que te asegures de que el hábito que has elegido encaje con tu estilo de vida. Si has decidido que quieres empezar a hacer más ejercicio, pero has escogido hacerlo por la mañana, cuando también tienes que ocuparte de tus hijos, no te estarás facilitando las cosas.

Una cosa en concreto que merece la pena destacar es la tendencia a querer implementar un cambio volviendo a viejos hábitos. ¿Cuántas veces has oído a un amigo decir cosas como «Lo que tengo que hacer es volver a salir a correr» o «Si pudiese recuperar la rutina matutina que tenía antes...»? Esta forma de pensar es comprensible, porque hacer cambios es difícil y recurrir a algo que ya nos funcionó en el pasado puede parecer la opción más fácil y lógica.

El problema es que es inevitable que la vida cambie, y si estás intentando recuperar un hábito que perteneció a una versión anterior de tu vida, puede que descubras que ese hábito ya no te funciona. De hecho, la razón por la que ya no lo mantienes seguramente sea que dejó de servirte. Intentar forzar un hábito de nuevo puede ser desalentador y hacer que lo abandones por completo.

La solución consiste en reconocer el cambio y luego pensar qué forma deben adoptar tus hábitos para que encajen con tu vida actual. Puedes dedicar tu tiempo a desear que ese hábito todavía te sirva o puedes utilizar ese mismo tiempo para diseñar un hábito que realmente te funcione en tu vida tal como es ahora. Solo una de esas dos opciones te llevará a implementar el cambio que buscas.

A continuación, escribe para cada hábito que hayas escogido de qué forma tiene en cuenta la configuración actual de tu vida. Para ello, vuelve al apartado «Tu realidad actual» a fin de ver qué averiguaste acerca de cómo es tu vida en este momento.

Hábito	Cómo tiene en cuenta tu vida

Si has descubierto que tu hábito no tiene en cuenta la configuración actual de tu vida, selecciona otro que sí lo haga.

Hábito: ______________________________

Hábito: ______________________________

Comprométete con tu hábito

Cuando buscas implementar un cambio, una de las mejores cosas que puedes hacer para que se mantenga es comprometerte. Como veremos más adelante, los dispositivos para mantener el compromiso son un medio especialmente poderoso para ello, pero cualquier tipo de compromiso que asumas —incluso si solo te comprometes contigo mismo— puede ayudarte a establecer tus intenciones y hacer realidad un cambio de comportamiento. Por eso, antes de seguir avanzando, dedica un momento a nombrar y a comprometerte con el hábito o los hábitos en los que quieres trabajar.

Hábito

____

- ☐ ¿Resuelve el problema a nivel de raíz?
- ☐ ¿Encaja con las circunstancias de tu vida?

Hábito

____

- ☐ ¿Resuelve el problema a nivel de raíz?
- ☐ ¿Encaja con las circunstancias de tu vida?

El hábito más importante consiste en escoger el hábito adecuado para empezar a construirlo.

AVANCES

En cualquier momento, estás a una buena decisión de llevar una vida mucho mejor.

¿Cómo lo estás llevando hasta ahora?

____

____

____

____

¿Cómo puntuarías tu avance en general?

1 2 3 4 5 6 7 8 9 10

¿Tus hábitos siguen reforzando la identidad que quieres forjar?

____

____

____

____

____

____

¿Qué victoria, por pequeña que sea, has obtenido de tu esfuerzo hasta el momento?

___

___

___

¿Qué te está funcionando? ¿Qué no?

___

___

___

¿Qué obstáculos te están impidiendo avanzar? ¿Qué tienes pensado hacer para superarlos?

___

___

___

¿Qué conclusiones has extraído?

___

___

___

A veces somos víctimas de nuestras propias expectativas. Soñamos con algo que nos gustaría alcanzar o con un camino que nos gustaría seguir, pero en cuanto las cosas no salen como esperábamos, nuestra actitud se resiente.

La clave está en apuntar muy alto y a la vez ser lo suficientemente flexibles como para dar la vuelta a los fracasos, a las decepciones y a las derrotas, y utilizarlos para motivarnos para el siguiente paso. Esfuérzate al máximo, pero sea cual sea el resultado, confía en que al final las cosas saldrán bien. Céntrate en pensar que el mundo está de tu parte, no contra ti. Todo lo que recibes es material para tu próximo paso. Absolutamente todo.

SEGUNDA PARTE

Las Cuatro Leyes del Cambio de Conducta

Igual que los átomos son los componentes de las moléculas,

los hábitos atómicos son los componentes

de unos resultados increíbles.

En el apartado de «La ciencia del hábito» hemos hablado del ciclo de los hábitos, ese proceso de cuatro pasos que se desarrolla cada vez que realizas un hábito. Estos cuatro pasos —señal, anhelo, respuesta y recompensa— son la columna vertebral de todo hábito, y el cerebro los sigue en el mismo orden cada vez. Juntos forman un ciclo neurológico que se va retroalimentando y que, en última instancia, te permite crear hábitos automáticos.

Cada uno de estos pasos es necesario para crear un hábito, lo que significa que, si alguno de ellos no tiene lugar, el hábito no se forjará. Si falta la señal, el comportamiento nunca se iniciará. Si se reduce el anhelo, no sentirás la necesidad de actuar. Si impides la respuesta, el comportamiento no se hará realidad. Y si la recompensa no es satisfactoria, por mucho que ya hayas puesto en práctica el comportamiento una vez, no querrás repetirlo.

Pero ¿qué significa todo esto en la práctica? ¿Qué hay que hacer para eliminar una señal o reducir un anhelo? La respuesta consiste en seguir el marco práctico de las Cuatro Leyes del Cambio de Conducta. Estas cuatro leyes se corresponden con los pasos del ciclo de los hábitos y los convierten en una serie de reglas sencillas y prácticas que permiten crear buenos hábitos y romper los malos. Aquí las volvemos a ver, esta vez junto al correspondiente paso del ciclo de los hábitos:

El ciclo de los hábitos	LAS CUATRO LEYES DEL CAMBIO DE CONDUCTA	
	Construir buenos hábitos	**Eliminar malos hábitos**
1. Señal	Primera Ley: *hacerlo obvio*	Inversión de la Primera Ley: *hacerlo invisible*
2. Anhelo	Segunda Ley: *hacerlo atractivo*	Inversión de la Segunda Ley: *hacerlo poco atractivo*
3. Respuesta	Tercera Ley: *hacerlo sencillo*	Inversión de la Tercera Ley: *hacerlo difícil*
4. Recompensa	Cuarta Ley: *hacerlo satisfactorio*	Inversión de la Cuarta Ley: *hacerlo insatisfactorio*

En los apartados siguientes abordaremos cada ley por separado y veremos qué estrategias podemos seguir para emplearlas a la hora de construir y romper hábitos.

LA PRIMERA LEY:
Hacerlo obvio

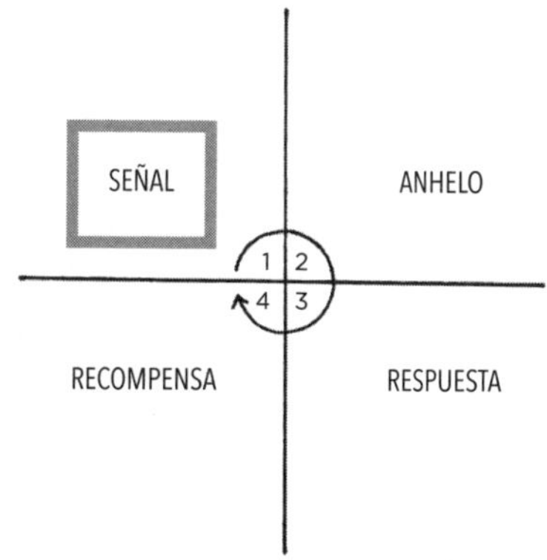

La Primera Ley del Cambio de Conducta tiene que ver con abordar los hábitos desde la señal, es decir, aquello que los desencadena. Alterar las señales nos permite alterar los hábitos, ya sea para construirlos o para eliminarlos. Trabajar desde las señales funciona especialmente bien porque, al ser el primer paso del ciclo de los hábitos, determinan si el hábito se pone en marcha o no. Si eliminamos la señal que da pie a un mal hábito, ese hábito no llegará a iniciarse; si creamos una señal poderosa que dé pie a un buen hábito, nos aseguraremos de que ese hábito se ponga en marcha.

La Primera Ley del Cambio de Conducta consiste en hacerlo obvio. Parte de la idea de que, cuanto más obvia y visible sea una señal, más probable será que el hábito tenga lugar. Es intuitivo. Nuestros hábitos se inician porque hay señales en nuestro entorno que nos recuerdan que realicemos dichos hábitos, y cuanto más fácil le sea al cerebro percibir dichos desencadenantes, más probable será que se vuelva a iniciar el ciclo de los hábitos.

Naturalmente, también ocurre lo contrario: cuanto más le cueste al cerebro percibir ese desencadenante, menos probable será que se reinicie el ciclo de los hábitos. Y si hacemos que la señal sea invisible, el hábito no llegará a desencadenarse. Por eso, la Inversión de la Primera Ley del Cambio de Conducta es especialmente efectiva para romper malos hábitos. Si puedes interrumpir el hábito ya desde la señal, no tendrás que hacer nada más para romperlo, porque no llegará a desencadenarse.

Entender este proceso nos aporta las herramientas necesarias para alterar las señales de los hábitos de forma que resulten más o menos obvias.

Dedicaremos lo que queda de este apartado a profundizar en las estrategias prácticas para usar la Primera Ley y su inversión en la construcción y eliminación de hábitos. Para los ejercicios siguientes, puedes usar el hábito o hábitos que hayas seleccionado en la primera parte, o escoger otro nuevo en el que centrarte.

Primera Ley del Cambio de Conducta:
para construir un hábito, hazlo obvio.
Inversión de la Primera Ley del Cambio de Conducta:
para eliminar un hábito, hazlo invisible.

PRINCIPIOS BÁSICOS PARA LA CREACIÓN DE SEÑALES

Todo hábito tiene una señal integrada, seas consciente o no de ella. Ahora bien, si estás intentando adoptar un nuevo hábito, todavía no tendrá ninguna señal asociada. Quizá parezca obvio, pero es uno de los aspectos más difíciles de la construcción de hábitos. Si el hábito no cuenta con una señal que lo desencadene, no se iniciará, por mucho que quieras.

Nos ha pasado a todos: quieres empezar a llamar más a tu familia y te dices que esta semana adoptarás este nuevo hábito, pero, sea por lo que sea, nunca llega el momento. Pasan semanas y semanas y no les has llamado. El problema no es que no quieras adoptar este hábito ni que sea demasiado difícil encajarlo en tu vida; el problema es que no has creado una señal para ese hábito, así que no hay nada que lo desencadene.

Cuando hablamos de la Primera Ley —hacerlo obvio—, lo que estamos intentando evidenciar es la señal del hábito. Cuanto más obvia sea, más probable será que el cerebro ponga en marcha el ciclo de los hábitos, lo que nos llevará a completar la acción.

Por eso, antes de ver varias formas de hacer que una señal sea obvia, debemos ver primero cómo diseñar la propia señal.

LOS CINCO TIPOS DE SEÑALES

La mayoría de las señales se pueden clasificar en cinco categorías principales. Una vez que las entiendas, podrás escoger la que sea más adecuada para el hábito que estás intentando construir.

1. **Momento**: cada mañana, hago la cama.
2. **Lugar**: cuando estoy en la cocina, me fijo en si hay platos para lavar.
3. **Acontecimientos previos**: cuando termino de ver la televisión, dejo el control en su sitio.
4. **Estados emocionales**: cuando noto que estoy nervioso, paro y respiro hondo cinco veces.
5. **Otras personas**: cuando mi amigo me dice que va a salir a correr, me sumo.

Las tres primeras son las más fáciles de realizar cuando se trata de diseñar señales, pero las cinco opciones son viables.

Crear las mejores señales

Para diseñar una señal efectiva, es primordial escoger un desencadenante que sea muy específico y que se pueda poner en marcha al momento.

Por ejemplo, si quieres construir el hábito de llamar más a menudo a los amigos que viven lejos, podrías elegir una señal como esta: «Cuando salga del trabajo, llamaré a un amigo que viva en otra ciudad». Puede que te funcione, pero la señal no es muy específica. ¿Cuándo lo harás? ¿Los miércoles o cada día? Al estar poco definida, cuesta más saber cuándo llevar a cabo la acción, y esto comporta que sea menos probable que la hagas.

Pero si escoges una señal como esta: «Cada miércoles, en cuanto me suba al coche para volver a casa, llamaré a un amigo que vive en otra ciudad», sabrás exactamente cuándo realizar el comportamiento y será mucho más probable que lo hagas.

Cuanto más específica y práctica sea la señal, mejor.

INTENCIONES DE IMPLEMENTACIÓN

Fijémonos ahora en algunas estrategias para crear señales que cuentan con el respaldo de la evidencia. Hay varias formas de construir señales para los hábitos y de hacerlas obvias, pero una de las más sencillas y efectivas es establecer las intenciones de implementación, una estrategia que crea señales basándose en el momento y el lugar. En pocas palabras, una intención de implementación consiste en elegir un hábito por el cual sientas motivación y crear un plan concreto que defina cómo lo implementarás.

Existen estudios que han demostrado que, por sí sola, la motivación apenas influye en la probabilidad de que desarrollemos un hábito en concreto. En cambio, el simple hecho de definir un plan, sí.

Para aplicar esta estrategia a tus hábitos, debes completar esta frase:

Haré [CONDUCTA] a las [TIEMPO] en [LUGAR].

Por ejemplo: ESCRIBIRÉ DURANTE CINCO MINUTOS a las 20:00 en LA SALA.

Para empezar, piensa en algunas combinaciones de tiempo y lugar que creas que funcionarán como señal para tu nuevo hábito.

Hábito: ____

Tiempo: ____________________ Lugar: ________________

Tiempo: ____________________ Lugar: ________________

Tiempo: ____________________ Lugar: ________________

Fíjate en lo que has escrito y escoge la combinación que quieras probar. Escribe tu intención de implementación a continuación y síguela durante una semana.

Intención de implementación

Haré ______________ a las ____________ en ______________.

Reflexión pasada una semana: ¿has conseguido seguir con el plan? ¿Por qué, o por qué no? ¿Quieres ajustar algún elemento de la intención de implementación o escoger otra combinación de tiempo y lugar para intentarlo durante otra semana?

____

____

____

____

Si quieres hacer algún cambio, hazlo y pruébalo durante otra semana.

La línea y el símbolo siguientes irán apareciendo a lo largo de todo el libro. Cuando los veas, significa que a continuación tienes espacio para hacer el ejercicio de nuevo, por si estás trabajando en otro hábito o quieres seguir el libro una segunda vez.

↓

Piensa en algunas combinaciones de tiempo y lugar que creas que funcionarán como señal para tu nuevo hábito.

Hábito: ______________________________

Tiempo: ____________________ Lugar: ____________________

Tiempo: ____________________ Lugar: ____________________

Tiempo: ____________________ Lugar: ____________________

Fíjate en lo que has escrito y escoge la combinación que quieras probar. Escribe tu intención de implementación a continuación y síguela durante una semana.

Intención de implementación

Haré ______________ a las ______________ en ________________.

Reflexión pasada una semana: ¿has conseguido seguir con el plan? ¿Por qué, o por qué no? ¿Quieres ajustar algún elemento de la intención de implementación o escoger otra combinación de tiempo y lugar para intentarlo durante otra semana?

____

____

Las intenciones de implementación también pueden ser una buena herramienta para romper los malos hábitos. Igual que tener un plan te puede ayudar a mantener tu voluntad de adoptar un hábito, también te puede ayudar a mantener tu voluntad de no hacerlo. Para usar las intenciones de implementación en este sentido, sigue la misma fórmula de la intención de implementación, pero, en lugar de establecer un tiempo y lugar nuevos, define qué plan has diseñado para no mantener el hábito en el tiempo y lugar en los que sueles realizarlo:

> No haré [CONDUCTA] a las [TIEMPO] en [LUGAR].
>
> Por ejemplo: No ME MORDERÉ LAS UÑAS por LA NOCHE en LA CAMA MIENTRAS LEO.

Escribe la intención de implementación que encontrarás a continuación con la hora y el lugar en los que sueles realizar el hábito que quieres romper. Establece la intención y pruébalo durante una semana.

Intención de implementación

No haré ________________ a las ______________ en ________________.

Reflexión pasada una semana: ¿has conseguido seguir con el plan? ¿Por qué, o por qué no? ¿Quieres ajustar algún elemento de la intención de implementación o escoger otra combinación de tiempo y lugar para intentarlo durante otra semana?

____

____

____

____

Completa la intención de implementación que encontrarás a continuación con la hora y el lugar en los que sueles realizar el hábito que quieres romper. Establece la intención y pruébalo durante una semana.

Intención de implementación

No haré ________________ a las ______________ en ________________.

Reflexión pasada una semana: ¿has conseguido seguir con el plan? ¿Por qué, o por qué no? ¿Quieres ajustar algún elemento de la intención de implementación o escoger otra combinación de tiempo y lugar para intentarlo durante otra semana?

____

____

____

____

____

____

____

____

____

ACUMULACIÓN DE HÁBITOS

La «acumulación de hábitos» es un tipo concreto de intención de implementación, pero, en vez de escoger un lugar y un momento al que asociar el nuevo hábito, se acumula ese nuevo hábito con otro que ya mantengas sin falta.

Por ejemplo, si estás intentando empezar a pasarte más el hilo dental, podrías crear una acumulación de hábitos al unir la acción de pasarte el hilo dental con la de cepillarte los dientes. En este caso, crearías la señal del nuevo hábito aprovechando el que ya has adoptado: «Antes de cepillarme los dientes, me pasaré el hilo dental».

He aquí la fórmula de la acumulación de hábitos:

Antes/Después de [HÁBITO ACTUAL], haré [NUEVO HÁBITO].

El primer paso para crear una acumulación de hábitos consiste en seleccionar el hábito desencadenante, es decir, el hábito existente al que unirás el nuevo hábito.

CÓMO ESCOGER EL HÁBITO DESENCADENANTE ADECUADO

Para seleccionar el hábito desencadenante adecuado, es fundamental escoger uno que coincida en cadencia y tiempo con el que estás tratando de crear. Si quieres ir al gimnasio tres veces por semana, no tiene sentido que unas este hábito a otro que mantengas a diario. Y si lo que quieres es empezar a leer un artículo a primera hora de la mañana, no unas este hábito a otro que mantengas al final del día.

Para empezar, piensa en qué hábitos desencadenantes podrías unir a tu nuevo hábito. Haz un círculo alrededor según si adoptarás este nuevo hábito antes o después del hábito desencadenante.

Hábito: ____

Antes/Después: ______________________________________

Antes/Después: ______________________________________

Antes/Después: ______________________________________

¿TE ESTÁ COSTANDO ENCONTRAR LOS HÁBITOS DESENCADENANTES?

¿Necesitas ayuda para encontrar los hábitos desencadenantes adecuados? Una forma de hacerlo es crear una lista de los hábitos que mantienes todos los días sin falta, como cepillarte los dientes o prepararte un café. Al escoger este tipo de hábito como desencadenante, te asegurarás de que el hábito desencadenante tenga lugar. Piensa en los hábitos que no te saltas nunca y anótalos a continuación. Luego, prueba uno como hábito desencadenante.

______________________ ______________________

______________________ ______________________

______________________ ______________________

______________________ ______________________

Fíjate en lo que has apuntado y escoge un hábito desencadenante que unir a tu nuevo hábito y escribe la intención de realizar esta acumulación de hábitos. Luego, prueba la acumulación de hábitos durante una semana.

Hábito: __________________ Desencadenante: __________________

Antes/Después de __________________, haré __________________.

Reflexión pasada una semana: ¿te está funcionando la acumulación de hábitos como señal para realizar el nuevo hábito? ¿Te gusta que estos hábitos estén unidos? ¿Quieres escoger otro hábito desencadenante para probarlo otra semana?

____

____

____

____

Piensa en qué hábitos desencadenantes podrías unir a tu nuevo hábito. Haz un círculo alrededor según si adoptarás este nuevo hábito antes o después del hábito desencadenante.

Hábito: __________________________________

Antes/Después: ______________________________

Antes/Después: ______________________________

Antes/Después: ______________________________

Fíjate en lo que has apuntado y escoge un hábito desencadenante que unir a tu nuevo hábito y escribe la intención de adoptar esta acumulación de hábitos. Luego, prueba la acumulación de hábitos durante una semana.

Hábito: ____________________ Desencadenante: ____________________

Antes/Después de ____________________, haré ____________________.

Reflexión pasada una semana: ¿te está funcionando la acumulación de hábitos como señal para realizar el nuevo hábito? ¿Te gusta que estos hábitos estén unidos? ¿Quieres escoger otro hábito desencadenante para probarlo otra semana?

____

____

____

____

ACUMULACIÓN DE HÁBITOS INTEGRADOS EN UNA RUTINA

Otra forma de abordar la acumulación de hábitos es colocar el hábito en el centro de una rutina en lugar de unirlo a un hábito. Para ello, puedes revisar tus tablas de hábitos para ver alguna de las rutinas que ya tienes adoptadas o puedes usar otra rutina distinta.

Para empezar, escribe tu rutina actual en la columna de la izquierda. Luego, escoge un espacio en el que introducir tu nuevo hábito.

Rutina actual	Nuevo hábito

Ahora, tu hábito formará parte de la rutina que ya tienes establecida. Pruébalo durante una semana y luego reflexiona sobre cómo ha ido.

Reflexión pasada una semana: ¿te está funcionando? ¿Necesitas resituar el nuevo hábito dentro de esta nueva rutina? ¿Quieres intentar integrarlo en otra rutina distinta? ¿Quieres implementar algún cambio antes de probarlo durante otra semana?

____

____

____

____

FACILÍTATE LAS COSAS

Ten en cuenta que el lugar y el momento en los que decides introducir el hábito dentro de tu rutina diaria pueden marcar una gran diferencia, así que asegúrate de escoger bien la rutina. Si tratas de introducir un hábito en una rutina que ya te resulta ajetreada y caótica, no hay duda de que te costará más hacerle un hueco a ese nuevo hábito.

Cuando vayas a escoger la rutina, pregúntate: «¿Cuáles son las rutinas que hago a lo largo del día en las que mi capacidad está al máximo?».

Escribe tu rutina actual en la columna de la izquierda. Luego, escoge un espacio en el que introducir tu nuevo hábito.

Rutina actual	**Nuevo hábito**

Ahora, tu hábito formará parte de la rutina que ya tienes establecida. Pruébalo durante una semana y luego reflexiona sobre cómo ha ido.

Reflexión pasada una semana: ¿te está funcionando? ¿Necesitas resituar el nuevo hábito dentro de esta nueva rutina? ¿Quieres intentar integrarlo en otra rutina distinta? ¿Quieres implementar algún cambio antes de probarlo durante otra semana?

____

____

____

____

La acumulación de hábitos no sirve solo para construir hábitos, sino que también puede ser una herramienta muy útil para eliminarlos. Para ello, en lugar de usar un hábito existente para unirlo a uno nuevo, utiliza uno que ya tengas para unirlo al que sigue al mal hábito; de esta forma, estarás saltándote ese mal hábito.

Por ejemplo, supongamos que lo primero que haces al llegar a casa del trabajo es sentarte en el sofá y ver la televisión durante una hora antes de ponerte a hacer ejercicio y a preparar la cena. Si quieres romper el hábito de ver la televisión, crea una acumulación de hábitos en la que eliminas la televisión de la rutina y usas el momento de entrar por la puerta para encadenarlo con ir a cambiarte para hacer ejercicio. Ahora, el momento de entrar por la puerta irá seguido del hábito de hacer ejercicio y no de ver la televisión. A partir de ahí, el resto de la rutina de la noche puede seguir como antes, solo que el mal hábito habrá desaparecido.

Este mismo principio de la acumulación de hábitos también se puede usar para sustituir los malos hábitos que forman parte de tus rutinas. En este caso, en lugar de hacer que entrar por la puerta se enlace con el hábito siguiente de ver la televisión, puedes probar a enlazarlo con un hábito que sea distinto de ver la televisión, como leer un libro. En este caso, no estás eliminando el hábito de la rutina, sino que lo estás cambiando por otro que te resulta más beneficioso.

Para empezar, escribe tu rutina actual en la columna de la izquierda. Luego, si quieres eliminar el hábito, haz un círculo alrededor del hábito en cuestión y usa el hábito previo para enlazarlo con el que viene después. Si lo que quieres es sustituirlo, escribe el hábito que lo reemplazará en la columna de la derecha.

Rutina actual	**Hábito alternativo**

Prueba esta nueva acumulación de hábitos durante una semana y luego reflexiona sobre cómo ha ido.

Reflexión pasada una semana: ¿te está funcionando? ¿Has conseguido eliminar o sustituir el mal hábito? ¿Quieres modificar el plan y volver a probarlo durante otra semana?

____

____

____

____

Escribe tu rutina actual en la columna de la izquierda. Luego, si quieres eliminar el hábito, haz un círculo alrededor del hábito en cuestión y usa el hábito previo para enlazarlo con el que viene después. Si lo que quieres es sustituirlo, escribe el hábito que lo reemplazará en la columna de la derecha.

Rutina actual	**Hábito alternativo**

Prueba esta nueva acumulación de hábitos durante una semana y luego reflexiona sobre cómo ha ido.

Reflexión pasada una semana: ¿te está funcionando? ¿Has conseguido eliminar o sustituir el mal hábito? ¿Quieres modificar el plan y volver a probarlo durante otra semana?

____

____

____

____

El secreto para obtener resultados que perduren consiste en no dejar nunca de hacer mejoras.

VERSIÓN AVANZADA DE LA ACUMULACIÓN DE HÁBITOS

¿Estás listo para pasar de nivel? Una de las mejores ventajas de la acumulación de hábitos es que se presta a ampliarse. Cuando hayas llegado al punto que querías con un hábito, puedes jugar a crear otras acumulaciones más amplias de hábitos e ir encadenándolas de forma que cada hábito sirva como señal para el siguiente. La acumulación resultante será así:

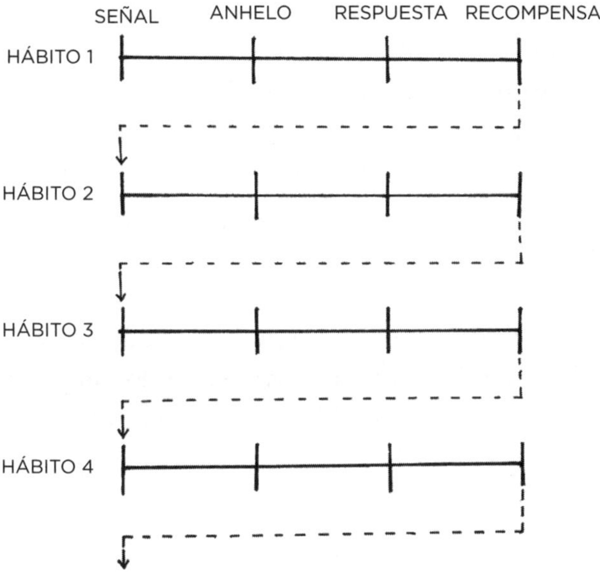

Ahora, selecciona la acumulación y enlázala con un hábito que sirva de ancla o intégrala en una rutina que ya tengas. Pruébalo y verás lo poderosa que resulta esta técnica.

CONVIERTE LO AUTOMÁTICO EN CONSCIENTE

Cuando se trata de un hábito que queremos eliminar, la dinámica es algo distinta. En lugar de crear una nueva señal, el objetivo es eliminar la señal existente para hacerla invisible, tal como establece la Inversión de la Primera Ley del Cambio de Conducta. Pero antes de poder eliminar una señal debemos identificarla, y eso puede resultar más difícil de lo que podría parecer.

Por definición, los hábitos son conductas que se han convertido en automáticas. Cuando un hábito se arraiga, se desencadena y se realiza casi sin pensarlo. Esta naturaleza automática es, en parte, lo que hace que sean tan poderosos; en cuanto se forja un buen hábito, apenas tenemos que invertir energía en mantenerlo. Pero también significa que la mayoría de los hábitos se dan sin que seamos conscientes de ello, lo que puede conllevar que sea muy difícil identificar y abordar las señales de los que queremos eliminar. Y es que ¿cómo podemos concentrarnos en invisibilizar una señal si no sabemos cuál es?

Por eso es crucial empezar el proceso de eliminación de hábitos tomando conciencia de los hábitos que estamos intentando romper. Puede parecer poco intuitivo, ya que el objetivo último es hacer que esas señales se vuelvan invisibles, pero no podemos hacer que algo desaparezca sin saber primero de qué se trata.

Para ello, escribe cuáles crees que son las señales del hábito que quieres eliminar a fin de que puedas ponerte manos a la obra para invisibilizarlas. Recuerda que las señales pueden adoptar cualquier forma y tamaño. Es frecuente que sean visuales, pero también pueden guardar relación con otros sentidos (por ejemplo, si tienes el hábito de fumar, oler el humo de un cigarrillo podría ser una señal). Ten también presente que un hábito puede tener muchas señales, y esa es en parte la razón por la que algunos hábitos son tan difíciles de eliminar. Cuantas más señales seas capaz de identificar, más oportunidades tendrás de abandonar ese hábito negativo.

Hábito: ______	
Señales	

Hábito: ______	
Señales	

SEÑALAR Y VERBALIZAR

Si te está costando identificar las señales de tu hábito, quizá te ayude usar la estrategia sencilla de señalar y verbalizar, la cual consiste en decir en voz alta el hábito mientras lo realizas. Cuando tomes un cigarrillo, di «Estoy fumando»; cuando empieces a mirar las redes sociales, di «Estoy mirando el celular».

Aunque pueda parecer una tontería, el mero hecho de nombrar los hábitos en voz alta aumenta el nivel de conciencia de las conductas que mantienes y dirige la atención hacia unas señales que de otra forma podrían ser subconscientes.

Durante la próxima semana, di en voz alta el hábito que estás intentando eliminar cada vez que lo realices. Si estás tratando de romper el hábito de morderte las uñas, di «Me estoy mordiendo las uñas» cada vez que empieces a hacerlo para ser más consciente en el momento.

Luego, anota todo lo que vas observando acerca del hábito en cuestión y de su señal. Básicamente, estarás creando una acumulación de hábitos en la que verbalizar el comportamiento será la señal que te lleve a poner por escrito lo que estés observando acerca del hábito que estás realizando. El propósito de este ejercicio es ayudarte a ser más consciente de los patrones que sigue ese hábito negativo y a recopilar información valiosa sobre sus señales.

Hábito: ______	
Cuándo	
Dónde	
Con cuánta frecuencia	
Otras observaciones relevantes	

Hábito: ______________________	
Cuándo	
Dónde	
Con cuánta frecuencia	
Otras observaciones relevantes	

El método de señalar y verbalizar también se puede usar para construir hábitos. Igual que es útil para ser más conscientes de las señales que dan pie a los hábitos negativos, también sirve para hacernos más conscientes de las señales de los buenos hábitos y conseguir así que sean más obvias.

Si estás intentando dejar el celular en otra habitación mientras duermes, di «Estoy dejando el teléfono fuera del dormitorio» mientras lo dejas en la encimera de la cocina. Si estás intentando beber más agua durante el día, di «Estoy bebiendo agua» antes de dar un sorbo. El hecho de verbalizar los hábitos te hará más consciente de las conductas que estás intentando construir, lo que a su vez conllevará que sea más probable que las sigas. En otras palabras: al verbalizar los hábitos los estás haciendo más obvios, ya que diriges la atención hacia detalles que de otra forma podrían pasar desapercibidos y caer en el olvido.

Adelante, pruébalo. Si estás tratando de construir un hábito, escribe la señal que verbalizarás mientras lo realizas.

Hábito: ______________________________

Señal verbalizada: ______________________________

Pruébalo durante una semana y luego reflexiona sobre la experiencia.

Reflexión pasada una semana: ¿te ha ayudado la técnica de señalar y verbalizar? ¿Hay algún hábito que creas que se beneficiaría más o menos de esta estrategia?

____

____

____

____

____

____

Hábito: ____

Señal verbalizada: ______________________________________

Pruébalo durante una semana y luego reflexiona sobre la experiencia.

Reflexión pasada una semana: ¿te ha ayudado la técnica de señalar y verbalizar? ¿Hay algún hábito que creas que se beneficiaría más o menos de esta estrategia?

____

____

____

____

____

____

EL CONTEXTO LO ES TODO

Ahora que hemos trabajado en construir e identificar señales, veamos cómo hacerlas más obvias o invisibles. Cuando hablamos de hacer que algo resulte más o menos obvio, de lo que estamos hablando en realidad es de cuánto ese algo destaca en nuestro entorno. ¿Por qué? Porque por mucho que queramos pensar que tomamos decisiones independientemente del entorno en el que nos encontramos, hay estudios que demuestran lo contrario. Lo cierto es que nuestros comportamientos se deben en gran medida no a nuestra motivación y fuerza de voluntad, sino a cómo se nos presentan las situaciones en nuestro entorno, seamos o no conscientes de ello.

El entorno es la mano invisible que moldea el comportamiento humano.

Para ser más concretos, muchas de las acciones que llevamos a cabo a diario no responden a nuestra motivación o elección activa, sino a la opción más obvia. A todos nos ha pasado: cuando vas al supermercado, es más probable que compres la marca que tienes a la altura los ojos; y si colocas un libro en el buró, es más probable que lo tomes antes de acostarte. La ecuación de Lewin describe esta idea en términos sencillos: el comportamiento resulta de la interacción entre la persona y su entorno.

Y eso es algo que podemos aprovechar. Cuanto más obvia sea una señal, más probable será que la advirtamos y que desencadene el ciclo de un hábito; en cambio, cuanto menos obvia sea, menos probable será que la advirtamos y que active el ciclo del hábito. Si quieres comer más fruta, será más probable que tomes una pieza de fruta si dejas el frutero en la encimera y no en el refrigerador. ¿Quieres dejar de dedicar tanto tiempo a jugar a videojuegos? Guarda la consola en un armario en lugar de tenerla siempre instalada. Diseñar el ambiente para determinar cuánto destacan ciertas señales es la mejor forma de facilitar el cambio de conducta con la Primera Ley.

Si quieres que un hábito ocupe un lugar destacado en tu vida, haz que la señal ocupe un lugar destacado en tu entorno.

Dado que percibimos nuestro entorno a través de todos los sentidos, las señales pueden adquirir todo tipo de formas. Ahora bien, la vista es el principal sentido humano, lo que significa que las señales visuales son el catalizador más importante de la conducta. Asimismo, los comportamientos más persistentes suelen contar con más de una señal. Si siembras muchos desencadenantes en el ambiente que te rodea en lugar de depender de uno solo, estarás aumentando las posibilidades de pensar en ese hábito a lo largo del día. Aunque una de las señales se te pase, seguramente verás la siguiente. Tomar la decisión más beneficiosa se vuelve fácil cuando tienes las señales de los buenos hábitos justo delante de ti. En caso de que un hábito que estás tratando de eliminar tenga varias señales, tu labor consistirá en identificar e invisibilizar tantas como puedas. A cuantas menos señales estés expuesto, menos probabilidades habrá de que se desencadene el hábito negativo.

Como ves, es muy importante vivir y trabajar en entornos que estén repletos de señales que den pie a los hábitos que quieres y que eliminen las señales de los hábitos que estás intentando romper. La buena noticia es que es fácil alterar los espacios en los que vives y trabajas para que así sea. Entender este principio es la clave para aprender a ser el arquitecto —y no la víctima— de tu entorno.

EL MITO DEL AUTOCONTROL

Una de las creencias más comunes acerca de los hábitos es que para mantener los buenos hábitos y dejar atrás los malos hay que tener autocontrol. Que, si somos más disciplinados, todos nuestros problemas desaparecerán. Por eso, solemos pensar que las personas que consiguen lo que quieren deben tener una fuerza de voluntad superior a la normal.

Sin embargo, los estudios dicen algo muy distinto: las personas que parecen tener un autocontrol excelente en realidad no tienen más que las demás. Lo que se les da mejor que al resto es estructurar sus vidas de forma que no necesitan tener fuerza de voluntad. Configuran sus vidas de una manera que les permite evitar las tentaciones.

¿Cuál es, pues, la clave para ser disciplinado? ¡Estructurar el entorno para no tener que serlo! Así, si te está costando evitar distraerte con las redes sociales, en lugar de gastar energía en resistirte a mirar el celular, déjalo en otra habitación para ahorrarte esa tentación. Elimina la fuerza de voluntad de la ecuación.

EVALUACIÓN DEL ENTORNO

Antes de ponerte a rediseñar tu entorno para que propicie tus hábitos, es importante que evalúes tu situación actual. Solo entonces contarás con la información necesaria para determinar qué debe cambiar y poder hacerlo de forma fructífera.

Para empezar, ve a un espacio de tu casa en el que pases mucho tiempo y mira a tu alrededor. Fíjate en las señales que son obvias, como el televisor que ocupa un lugar central, el cargador del teléfono al lado de la cama, una estantería de fácil acceso. Ahora, fíjate en las señales ocultas, como un instrumento musical que está guardado en un armario, la ropa deportiva en un estante alto, el diario en un cajón.

A continuación, escribe qué hábitos facilita este espacio y cuáles no, y las señales que hacen que así sea.

Espacio: ____

Hábitos que facilita	Señales obvias	Hábitos que no facilita	Señales ocultas

Ahora, repite este ejercicio en las otras estancias de tu casa donde pases mucho rato o en aquellas en las que tengan lugar los hábitos que estás trabajando. También puedes hacerlo para evaluar algún espacio importante de fuera de casa, como tu lugar de trabajo.

Espacio: ____

Hábitos que facilita	Señales obvias	Hábitos que no facilita	Señales ocultas

Espacio: ______________________________

Hábitos que facilita	Señales obvias	Hábitos que no facilita	Señales ocultas

Espacio: ______________________________

Hábitos que facilita	Señales obvias	Hábitos que no facilita	Señales ocultas

Espacio: ______________________________

Hábitos que facilita	Señales obvias	Hábitos que no facilita	Señales ocultas

Ahora fíjate en la evaluación que has hecho de tus espacios. ¿Qué ves? ¿Qué patrones observas respecto a cómo tus espacios respaldan, o no, tus hábitos?

A partir de esta evaluación, ¿qué espacios te parece que facilitan más tus hábitos?, ¿y qué espacios los facilitan menos?

¿Se te ocurre ya de entrada alguna idea sobre cómo quieres cambiar dichos espacios para que propicien más tus hábitos?

____

____

____

____

____

____

DISEÑA TU ENTORNO PARA EL ÉXITO

Ahora que has evaluado tus espacios, usemos la Primera Ley para diseñar tu entorno para que te ayude a conseguir lo que quieres.

A partir de la evaluación, identifica el entorno que resulta más relevante para el hábito que estás intentando construir o eliminar. Piénsalo bien, ya que la respuesta puede que no sea tan clara como podría parecer. Por ejemplo, si lo que quieres es reducir la cantidad de productos frescos que se echan a perder en tu refrigerador, el entorno relevante puede ser toda la cocina o el interior del refrigerador.

Hábito: ______________________ Entorno: ______________________

Ahora, dibuja el espacio en el que sigues este hábito. Presta atención a la distribución física del espacio, incluyendo los muebles y cualquier otro objeto relevante. No te preocupes por la calidad artística; el objetivo es tener una representación de cómo es el entorno de tu hábito.

Toma un bolígrafo de color y haz un círculo alrededor de los objetos que guardan relación con el hábito en cuestión. Pueden ser grandes, como muebles enteros y su distribución, o pueden ser pequeños, como interruptores y mandos a distancia. Fíjate en todo ello y piensa: ¿qué observas acerca de la ubicación de estos objetos? ¿Es lo suficientemente obvia? ¿Los tienes justo delante o están escondidos? ¿Todos los objetos que guardan relación con tu hábito están presentes o falta alguno? ¿Qué elementos del espacio generan resistencia en tu rutina?

____

____

____

____

____

____

____

A partir del análisis, piensa de qué formas podrías rediseñar tu entorno para que las señales sean más o menos obvias y faciliten así el cambio de conducta que persigues. Estas ideas pueden guardar relación con el dibujo que has hecho o pueden ser nuevas. ¿Necesitas mover algo para que te quede justo enfrente? ¿Necesitas sacar algo de la habitación? Piensa con todos los sentidos, pero presta especial atención a las señales visuales. El objetivo es que anotes tantas ideas como puedas, así tendrás muchas opciones que poner a prueba.

Formas de hacerlo más o menos obvio:

____

Hábito: ____________________________

________________________ ____________________________

____

____

____

Ahora trata de implementar tantas de estas ideas como puedas durante una semana, y luego vuelve a este ejercicio para reflexionar sobre cómo ha ido.

Reflexión pasada una semana: ¿qué es lo que te ha resultado más útil? ¿Qué señales han influido más en las probabilidades de que desarrolles ese hábito? ¿Tienes que cambiar algo más de tu entorno para facilitar el cambio de conducta en cuestión?

____

____

____

____

____

____

Primero, ¿cuál es el espacio que contiene las señales que desencadenan el hábito en cuestión?

Hábito: ____________________ Entorno: ____________________

Ahora, dibuja el espacio en el que sigues este hábito. Dibuja la distribución física del espacio, incluyendo los muebles y cualquier otro objeto relevante. No te preocupes por la calidad artística; el objetivo es tener una representación de cómo es el entorno de tu hábito.

Toma un bolígrafo de color y haz un círculo alrededor de los objetos que guardan relación con el hábito en cuestión. Pueden ser grandes, como muebles enteros y su distribución, o pueden ser pequeños, como interruptores y mandos a distancia. Fíjate en todo ello y piensa: ¿qué observas acerca de la ubicación de estos objetos? ¿Es lo suficientemente obvia? ¿Los tienes justo delante o están escondidos? ¿Todos los objetos que guardan relación con tu hábito están presentes o falta alguno? ¿Qué elementos del espacio generan resistencia en tu rutina?

A partir del análisis, piensa de qué formas podrías rediseñar tu entorno para que las señales sean más o menos obvias y faciliten así el cambio de conducta que persigues. Estas ideas pueden guardar relación con el dibujo que has hecho o pueden ser nuevas. ¿Necesitas mover algo para que te quede justo enfrente? ¿Necesitas sacar algo de la habitación? Piensa con todos los sentidos, pero presta especial atención a las señales visuales. El objetivo es que anotes tantas ideas como puedas, así tendrás muchas opciones que poner a prueba.

Formas de hacerlo más o menos obvio:

____

Hábito: ______________________________

______________________________ ______________________________

____

____

____

Ahora trata de implementar tantas de estas ideas como puedas durante una semana, y luego vuelve a este ejercicio para reflexionar sobre cómo ha ido.

Reflexión pasada una semana: ¿qué es lo que te ha resultado más útil? ¿Qué señales han influido más en las probabilidades de que desarrolles ese hábito? ¿Tienes que cambiar algo más de tu entorno para facilitar el cambio de conducta en cuestión?

____

____

____

____

____

____

____

DISEÑO AMBIENTAL AVANZADO

A veces, para crear un espacio que facilite los hábitos es necesario hacer cambios que van más allá de pequeñas modificaciones de tu espacio actual. Esto se debe a que los entornos, con el tiempo, y a base de usarlos una y otra vez y de ir acumulando experiencias en ellos, terminan estando íntimamente relacionados con los comportamientos que mantenemos en ellos, lo que a su vez conlleva que cueste cambiar las asociaciones que hemos generado con el espacio en cuestión. Si la sala es el lugar donde siempre te relajas y ves la televisión, será muy difícil que consigas reconfigurarte el cerebro para que la asocie con la productividad y el trabajo. Si asocias la cama con ver la televisión y leer, puede que te cueste conciliar el sueño cuando te acuestes. Dicho de otra forma: aunque un espacio puede contener señales individuales que dan pie a los hábitos, con el tiempo, el espacio en sí mismo se convierte también en una señal por derecho propio.

Esto significa que puede ser más fácil cambiar los hábitos —o empezar otros nuevos— en un entorno nuevo que no encierre asociaciones o recuerdos antiguos. Si hace poco que has empezado a trabajar desde casa y te cuesta ser productivo en la cocina, puede que tengas más suerte moviéndote a la sala o a la habitación de invitados. Si estás intentando implementar una rutina para hacer ejercicio pero asocias la sala con la relajación, puede que te funcione mejor irte a un parque.

Ahora bien, no siempre es fácil o factible encontrar un nuevo espacio para un nuevo hábito. En ese caso, intenta crear un «nuevo» espacio dentro de un espacio que ya tengas. Por ejemplo, si estás intentando crear el hábito de escribir y te cuesta hacerlo en tu espacio actual, prueba a mover la silla y la lámpara a un rincón de la habitación que estás usando para crear un rinconcito de escritura. Aunque no sea un espacio totalmente nuevo, el mero hecho de mover algunos muebles puede surtir el mismo efecto.

UN ESPACIO, UN USO

Siempre que puedas, evita mezclar el contexto de un hábito con otro. Si un espacio está pensado para dar pie a varios hábitos, el más fácil siempre acabará ganando, y te costará más seguir el otro. Por ejemplo, si estás intentando que la sala te dé pie a trabajar y a ver la televisión, ver la televisión siempre acabará ganando.

Para evitarlo, siempre trato de seguir este principio: un espacio, un uso.

Piensa en el hábito en el que estás trabajando y en si te ayudaría crear un nuevo espacio, ya sea buscándolo o rediseñando un espacio que ya tengas de forma que lo percibas como nuevo.

Hábito: ______________________________________

¿Crees que asignar un nuevo espacio a este hábito te ayudaría a seguirlo? ¿Por qué?

____

____

____

____

____

____

Si crees que te ayudaría, piensa en varias opciones para crear ese nuevo espacio. ¿Podrías encontrar un espacio totalmente nuevo? De ser así, ¿cómo sería? Si crear un espacio completamente nuevo no te resulta posible o no te parece necesario, ¿cómo podrías rediseñar tu nuevo espacio para seguir el principio de «un espacio, un uso»?

Hábito: ____

¿Crees que asignar un nuevo espacio a este hábito te ayudaría a seguirlo? ¿Por qué?

Si crees que te ayudaría, piensa en varias opciones para crear ese nuevo espacio. ¿Podrías encontrar un espacio totalmente nuevo? De ser así, ¿cómo sería? Si crear un espacio completamente nuevo no te resulta posible o no te parece necesario, ¿cómo podrías rediseñar tu nuevo espacio para seguir el principio de «un espacio, un uso»?

Las personas que tienen más autocontrol suelen ser las que menos necesitan usarlo. La perseverancia, el tesón y la fuerza de voluntad son clave para llegar adonde quieres, y la mejora de estas cualidades no pasa por pensar que ojalá fueses una persona más disciplinada, sino por crear un entorno más disciplinado.

Reflexiona sobre la frase anterior. ¿Qué relación guarda con tu vida y tus hábitos, y qué puedes aprender de ella?

___

___

___

___

___

___

___

___

___

___

___

___

CONCLUSIÓN: LA PRIMERA LEY DEL CAMBIO DE CONDUCTA

Ahora te toca a ti. A partir de lo que has aprendido con los ejercicios, haz una lista de cómo usarás la Primera Ley del Cambio de Conducta para influir en el carácter más o menos obvio de tus hábitos. Piensa en lo que te ha funcionado y en lo que no, y no dudes en combinar distintos principios de forma nueva. El objetivo no es que sigas una plantilla, sino que experimentes y descubras qué te funciona.

Hábito: ____________________

¿Cómo usarás la Primera Ley para facilitar tu cambio de conducta?

Hábito: ____________________

¿Cómo usarás la Primera Ley para facilitar tu cambio de conducta?

Fíjate en lo que has escrito y comprométete a implementar estas estrategias. Te servirán como base de tus hábitos conforme avanzas con las otras tres leyes del cambio de conducta.

HOJA DE REPASO: LA PRIMERA LEY DEL CAMBIO DE CONDUCTA

La Primera Ley del Cambio de Conducta es «hacerlo obvio».
Para construir hábitos, hazlos obvios.

Principios clave	Ejercicios
Diseña señales poderosas y obvias. ▪ Construye señales que desencadenen nuevos hábitos. Cuanto más obvia sea la señal, más probable será que desencadene el hábito. ▪ Usa los cinco tipos de señales: momento, lugar, acontecimientos previos, estados emocionales y otras personas. ▪ Opta por señales que sean específicas y que puedas poner en práctica de inmediato.	▪ Usa la implementación de intenciones: «Haré [CONDUCTA] a [TIEMPO] en [LUGAR]». ▪ Usa la acumulación de hábitos: «Antes/Después de [HÁBITO ACTUAL], haré [NUEVO HÁBITO]». ▪ Usa acumulaciones individuales, acumulaciones de rutinas y acumulaciones más amplias. ▪ Señalar y verbalizar hace que los hábitos resulten obvios.
Diseña tu entorno. ▪ El comportamiento resulta del entorno. ▪ Diseña tu entorno para que tus señales sean lo más obvias posible. ○ Las señales pueden usar cualquier sentido, pero las visuales son las más poderosas. ○ Introduce varias señales en tu entorno. ▪ Puede ser más fácil empezar un nuevo hábito en un espacio nuevo. ▪ Un espacio, un uso.	▪ Rediseña tu entorno de forma que las señales de los buenos hábitos sean obvias y visibles. ▪ Escoge un nuevo espacio en el que realizar tu nuevo hábito. ▪ Delimita un espacio dentro de tu entorno actual.

La Inversión de la Primera Ley del Cambio de Conducta es «hacerlo invisible». Para eliminar hábitos, invisibilízalos.

Principios clave	Ejercicios
Identifica tus señales y hazlas invisibles.	▪ Usa la técnica de señalar y verbalizar para identificar las señales.
Reconfigura las señales de los hábitos negativos.	▪ Usa la acumulación de hábitos para reconfigurar las señales actuales.
Diseña tu entorno. ▪ El comportamiento resulta del entorno. ▪ Diseña tu entorno para que tus señales sean lo más invisibles posible.	▪ Rediseña tu entorno para que las señales de los hábitos negativos sean invisibles.
El autocontrol es un mito. ▪ El secreto del autocontrol es no tener que usarlo. ▪ Las personas que parecen tener más autocontrol en realidad se rodean de situaciones menos tentadoras.	▪ En lugar de invertir energía en evitar la tentación de los malos hábitos, diseña tu entorno para reducir al máximo la tentación.

AVANCES

Trata los fracasos como lo haría un científico. Todo intento es un experimento. Todo error es una pista. No estás fracasando: estás refinando.

¿Cómo lo estás llevando hasta ahora?

____

____

¿Cómo puntuarías tu avance en general?

1 2 3 4 5 6 7 8 9 10

¿Tus hábitos siguen reforzando la identidad que quieres forjar?

____

____

____

____

¿Qué victoria, por pequeña que sea, has obtenido de tu esfuerzo hasta el momento?

____

____

____

¿Qué te está funcionando? ¿Qué no?

¿Qué obstáculos te están impidiendo avanzar? ¿Qué tienes pensado hacer para superarlos?

¿Qué has aprendido?

¿Qué hábito concreto transformaría más tu vida

si lo implementases con constancia durante el resto del año?

LA SEGUNDA LEY:
Hacerlo atractivo

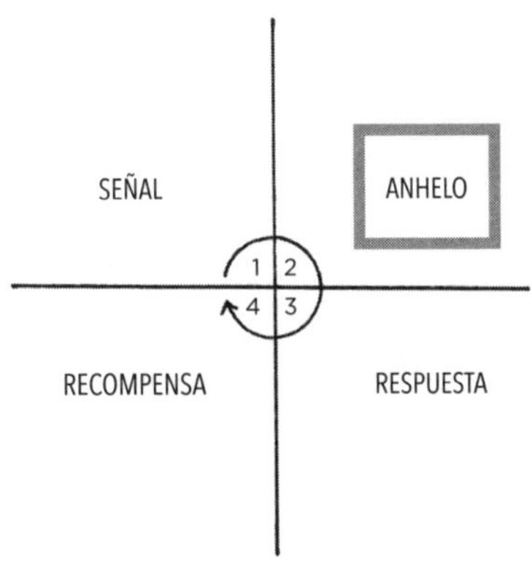

La Segunda Ley del Cambio de Conducta —hacerlo atractivo— trata sobre cómo podemos influir en nuestros hábitos desde el anhelo o, lo que es lo mismo, aquello que hace que queramos adoptarlos. Cuando estamos a punto de realizar un hábito, se despierta el anhelo para decirnos que el resultado será deseable. Es la predicción de una recompensa positiva. Y es importante tener en cuenta que es esta anticipación de la recompensa, y no su obtención, lo que nos mueve a actuar. Pedimos papas fritas porque anticipamos que estarán deliciosas, abrimos las aplicaciones de las redes sociales porque anticipamos que mirarlas nos entretendrá, y nos servimos una copa porque anticipamos que nos hará sentir relajados y contentos.

EL CICLO DE LA DOPAMINA

Muchos conocemos el ciclo de la dopamina, es decir, la idea de que al sentir placer el cerebro libera dopamina, lo que a su vez nos genera la motivación para querer sentir su efecto de nuevo.

No obstante, hay estudios que demuestran que, tras esa primera experiencia placentera, el cerebro empieza a liberar dopamina dos veces: cuando sientes el placer y cuando lo anticipas. Por eso los anhelos son tan poderosos, porque esa anticipación de una recompensa es tan poderosa, o incluso más, que obtener la propia recompensa.

He aquí el poder de la Segunda Ley en acción: hacemos las cosas que anhelamos. Cuanto más atractivo y llamativo hagas que resulte el comportamiento, más probable será que quieras seguirlo. En otras palabras: si quieres hacer algo, lo harás. Así que, si quieres obligarte a hacer algo, debes encontrar la forma de conseguir que quieras hacerlo.

Si hacemos las cosas que anhelamos, es lógico que también ocurra lo contrario: es mucho más difícil querer hacer las cosas que no anhelamos. Por eso la Inversión de la Segunda Ley del Cambio de Conducta consiste en hacerlo poco atractivo. Si lo que quieres es abandonar un comportamiento, haz que te resulte poco atractivo, lo que a su vez reducirá el anhelo, de forma que será mucho menos probable que lo mantengas.

En lo que queda de este apartado veremos estrategias prácticas para usar la Segunda Ley y su inversión para construir y eliminar hábitos. Cuando hagas los próximos ejercicios, puedes usar el hábito o los hábitos que has seleccionado en la primera parte del libro o seleccionar oros nuevos.

La Segunda Ley del Cambio de Conducta:

para construir un hábito, hazlo atractivo.

La Inversión de la Segunda Ley del Cambio de Conducta:

para romper un hábito, hazlo poco atractivo.

¿Cuál es esa única acción que inclina más la balanza que otras cien juntas? ¿Cuál es esa única decisión que hace que otras mil sean irrelevantes?

ACUMULACIÓN DE TENTACIONES

Para forjar nuevos hábitos, debemos encontrar la manera de hacerlos atractivos para empezar a anhelarlos de forma natural. La dificultad de esto reside en el hecho de que, a menudo, los hábitos que estamos intentando construir no son atractivos por sí solos. Por mucho que queramos disfrutar del efecto de empezar a hacer ejercicio o de ser más rápidos a la hora de responder a los correos electrónicos, no son hábitos atractivos por naturaleza.

La acumulación de tentaciones resuelve este problema acumulando el nuevo hábito con otro que ya te resulte atractivo. Al unirlos, empezarás a anhelar el nuevo hábito por asociación. Por ejemplo, si estás intentando hacer más flexiones pero quieres ver la televisión, haz diez flexiones cada vez que veas un capítulo, y verás que acabarás teniendo ganas de hacer las flexiones porque significa que podrás ver la televisión.

Otro resultado de acumular el hábito que necesitas con el hábito que quieres es que, con el tiempo, desarrollarás asociaciones positivas y duraderas con el nuevo hábito. Lo que significa que, al final, incluso si desligas los hábitos, seguirás viendo el nuevo hábito de forma positiva. Si acumulas ver la televisión con hacer flexiones durante el tiempo necesario, seguirás teniendo ganas de hacer las flexiones incluso si no vas a ver la televisión.

A continuación, fíjate en el hábito que estás tratando de construir y escoge uno de los hábitos atractivos que habías pensado para unirlo a él.

____________________ ____________________

____________________ ____________________

____________________ ____________________

Para practicar la acumulación de tentaciones, empieza identificando algunos hábitos que ya lleves a cabo y que te resulten muy atractivos.

Nuevo hábito: ____

Hábito atractivo: ____

Planifica cómo los vas a unir:

____

____

____

Prueba a acumular estos hábitos durante una semana y luego vuelve para reflexionar sobre la experiencia.

Reflexión pasada una semana: ¿está consiguiendo la acumulación de tentaciones que el nuevo hábito te resulte más atractivo? ¿Te gusta que estos dos hábitos estén unidos? ¿Quieres escoger otro hábito atractivo y unirlos durante otra semana?

____

____

____

____

Identifica algunos hábitos que ya mantengas y que te resulten muy atractivos.

____________________ ____________________

____________________ ____________________

____________________ ____________________

Empieza identificando algunos hábitos que ya lleves a cabo y que te resulten muy atractivos.

Nuevo hábito: ______________________________

Hábito atractivo: ____________________________

Planifica cómo los vas a unir:

____

____

____

Prueba a acumular estos hábitos durante una semana y luego vuelve para reflexionar sobre la experiencia.

Reflexión pasada una semana: ¿está consiguiendo la acumulación de tentaciones que el nuevo hábito te resulte más atractivo? ¿Te gusta que estos dos hábitos estén unidos? ¿Quieres escoger otro hábito atractivo y unirlos durante otra semana?

____

____

____

Otra forma de practicar la acumulación de tentaciones es combinarla con la acumulación de hábitos, ya que así se genera un conjunto de reglas que guían tu comportamiento. Esta es la fórmula:

1. Después de [HÁBITO ACTUAL], haré [NUEVO HÁBITO].
2. Después de [HÁBITO QUE NECESITO], haré [HÁBITO ATRACTIVO].

Usa tus hábitos actuales, el hábito que estás tratando de construir y los hábitos que te resultan atractivos para diseñar posibles acumulaciones de hábitos:

Después de ____________________, haré ____________________, y luego haré ____________________.

Después de ____________________, haré ____________________, y luego haré ____________________.

Después de ____________________, haré ____________________, y luego haré ____________________.

Después de ____________________, haré ____________________, y luego haré ____________________.

Pon en práctica una de estas opciones para enlazar tus hábitos durante una semana y luego reflexiona sobre cómo te está yendo.

Reflexión pasada una semana: ¿te gusta esta combinación? ¿Estás más motivado para desarrollar el nuevo hábito? ¿Necesitas escoger otro hábito atractivo que unir al menos atractivo?

____

____

____

____

Usa tus hábitos actuales, el hábito que estás tratando de construir y los hábitos que te resultan atractivos para diseñar posibles acumulaciones de hábitos:

Después de ____________________, haré ____________________, y luego haré ____________________.

Después de ____________________, haré ____________________, y luego haré ____________________.

Después de ____________________, haré ____________________, y luego haré ____________________.

Después de ____________________, haré ____________________, y luego haré ____________________.

Pon en práctica una de estas opciones para enlazar tus hábitos durante una semana y luego reflexiona sobre cómo te está yendo.

Reflexión pasada una semana: ¿te gusta esta combinación? ¿Estás más motivado para desarrollar el nuevo hábito? ¿Necesitas escoger otro hábito atractivo que unir al menos atractivo?

____

____

____

____

____

____

RITUALES DE MOTIVACIÓN

Cuando hablamos del atractivo que tienen los hábitos, nos referimos a los sentimientos que asociamos con ellos. Los hábitos resultan atractivos cuando los asociamos con sentimientos positivos, y son poco atractivos cuando los asociamos con sentimientos negativos.

La acumulación de tentaciones es una forma de asegurarte de que tu nuevo hábito esté vinculado a ciertos sentimientos positivos. Otra forma de lograrlo es creando un ritual de motivación, que no es otra cosa que una actividad que asocias con sentimientos positivos. Gracias a esta combinación, si llevas a cabo dicha actividad antes del nuevo hábito, estarás transfiriendo esos mismos sentimientos positivos al hábito, y con ello lograrás que te resulte más atractivo. Esta técnica consta de dos fases.

Primera fase

1. Identifica el sentimiento que querrías asociar con tu nuevo hábito, como por ejemplo alegría, motivación o ilusión: ______________________.

2. Escoge una actividad que ya te haga sentir esa emoción con mucha intensidad. Por ejemplo, acariciar a tu perro o hacer deporte. Piensa en algunas y luego quédate con una:

______________________ ______________________

______________________ ______________________

3. Crea un ritual corto y sencillo que puedas llevar a cabo antes de realizar la actividad seleccionada. Por ejemplo, respirar hondo dos veces y sonreír, o estirar los hombros y saltar unas cuantas veces. O quizá prefieras probar con una visualización. Los mantras breves también funcionan muy bien en este caso. Escribe tu ritual a continuación (puede ser de menos de cuatro pasos).

Primer paso: ______________________________

Segundo paso: ______________________________

Tercer paso: ______________________________

Cuarto paso: ______________________________

4. Practica llevando a cabo el ritual junto con la actividad positiva hasta que sientas que están perfectamente integrados y que te aportan un sentimiento positivo. Llegados a este punto, tendrás un ritual que encerrará en sí mismo los sentimientos de la actividad positiva.

Segunda fase

El siguiente paso consiste en aplicar el ritual al hábito. Por ejemplo, ¿tienes que hacer una presentación difícil y quieres estar tranquilo? Haz el nuevo ritual que asocias con una sensación de calma antes de empezar la presentación.

Intenta diseñar un ritual y aplicarlo a un hábito que quieras forjar. Ten presente que esta estrategia lleva su tiempo, pero en cuanto el ritual queda vinculado al sentimiento, puede ser de gran ayuda.

Reflexiona sobre el proceso a continuación:

____

____

____

____

Primera fase

1. Identifica el sentimiento que querrías asociar con tu nuevo hábito, como por ejemplo alegría, motivación o ilusión: ____________________.

2. Escoge una actividad que ya te haga sentir esa emoción con mucha intensidad. Por ejemplo, acariciar a tu perro o hacer deporte. Piensa en algunas y luego quédate con una:

____________________ ____________________

____________________ ____________________

3. Crea un ritual corto y sencillo que puedas llevar a cabo antes de realizar la actividad seleccionada. Por ejemplo, respirar hondo dos veces y sonreír, o estirar los hombros y saltar unas cuantas veces. O quizá prefieras probar con una visualización. Los mantras breves también funcionan muy bien en este caso. Escribe tu ritual a continuación (puede ser de menos de cuatro pasos).

Primer paso: ____________________

Segundo paso: ____________________

Tercer paso: ____________________

Cuarto paso: ____________________

4. Practica llevando a cabo el ritual junto con la actividad positiva hasta que sientas que están perfectamente integrados y que te aportan un sentimiento positivo. Llegados a este punto, tendrás un ritual que encerrará en sí mismo los sentimientos de la actividad positiva.

Segunda fase

El siguiente paso consiste en aplicar el ritual al hábito. Por ejemplo, ¿tienes que hacer una presentación difícil y quieres estar tranquilo? Haz el nuevo ritual que asocias con una sensación de calma antes de empezar la presentación.

Intenta diseñar un ritual y aplicarlo a un hábito que quieras forjar. Ten presente que esta estrategia lleva su tiempo, pero en cuanto el ritual queda vinculado al sentimiento, puede ser de gran ayuda.

Reflexiona sobre el proceso a continuación:

____

____

____

____

____

____

HAZ QUE SEA DIVERTIDO

Otra forma de lograr que tus hábitos sean más atractivos es convertirlos en algo divertido. A menudo creemos que para que un hábito sea beneficioso para nosotros tiene que ser fastidioso. Pensamos que, aunque en el futuro valdrá la pena, en el presente será aburrido. El problema de este enfoque es que esperar que los buenos hábitos sean desagradables es lo contrario de anhelarlos, y eso se convierte en una barrera que nos impide adoptarlos. Y aunque podemos sortear esta sensación acumulando un hábito poco divertido con otro que sí nos gusta o creando un ritual de motivación, hay otra solución que pasa por darle la vuelta al hábito para que adopte su versión más divertida. Nueve de cada diez veces, la versión divertida será igual de beneficiosa que la versión aburrida, y el hecho de que sea mucho más probable que no la abandonemos hace que, al final, la versión divertida sea mucho más beneficiosa.

Recuerdo que mi amigo Tim Ferriss una vez me contó que cuando se ponía a diseñar un ejercicio de meditación, hacía que le resultase divertido escuchando a Prince. Para él, este sencillo cambio convirtió lo que hasta entonces había sido una molestia en algo de lo que de verdad disfrutaba y que esperaba con ganas.

Cada hábito tiene su versión divertida; solo hay que encontrarla. Si quieres hacer más ejercicio pero salir a correr o levantar pesas se te hace pesado, prueba con una clase de baile o yendo de excursión a la montaña con tus amigos. Si quieres leer más pero los libros de no ficción te resultan arduos, prueba a leer novelas de suspenso o románticas.

A continuación, pregúntate lo siguiente por cada hábito que estés desarrollando: «¿Cómo sería si fuese divertido?» o «¿Cuál es la versión divertida de este hábito?», y luego piensa en formas de ponerlo en práctica.

Hábito: ____

¿Cómo sería si fuese divertido y qué podrías hacer para que lo fuera?

____

____

____

____

____

____

Prueba esta versión divertida del hábito durante una semana y luego vuelve para reflexionar sobre cómo ha ido.

Reflexión pasada una semana: ¿se ha vuelto más atractivo el hábito al haberlo hecho más divertido? ¿Ha sido más probable que lo desarrollases? ¿Quieres hacer algún cambio y volver a intentarlo?

____

____

____

____

____

Sobre el hábito que estás desarrollando, pregúntate: «¿Cómo sería si fuese divertido?» o «¿Cuál es la versión divertida de este hábito?», y luego piensa en formas de ponerlo en práctica.

Hábito: ____________________

¿Cómo sería si fuese divertido y qué podrías hacer para que lo fuera?

____

____

____

____

Prueba esta versión divertida del hábito durante una semana y luego vuelve para reflexionar sobre cómo ha ido.

Reflexión pasada una semana: ¿se ha vuelto más atractivo el hábito al haberlo hecho más divertido? ¿Ha sido más probable que lo desarrollases? ¿Quieres hacer algún cambio y volver a intentarlo?

____

____

____

____

IDENTIFICA TUS ANHELOS

Hazte esta pregunta tres veces y trata de refinar y mejorar la respuesta cada vez: ¿qué es lo que realmente quiero?

Cuando estamos tratando de abandonar un hábito, el mecanismo es algo distinto. En lugar de intentar introducir un anhelo, el objetivo es eliminarlo para no querer mantener el hábito que queremos romper. Se trata de la Inversión de la Segunda Ley del Cambio de Conducta, y consiste en hacerlo poco atractivo.

Pero para eliminar un anhelo, primero debemos identificarlo, ya que solo entonces podremos actuar sobre él de forma efectiva y centrarnos en hacer que deje de resultarnos atractivo.

IDENTIFICAR EL MOMENTO DEL ANHELO

No siempre es fácil ubicar el momento del anhelo. Cuando se trata de un hábito muy arraigado, el anhelo será tan automático y el paso que te hace pasar de querer el comportamiento a realizarlo será tan rápido que puede que te cueste encontrar ese momento y detenerte. No te preocupes si te resulta difícil y no dejes de intentarlo.

Algo que te puede ayudar es recordar que la señal activa el anhelo de inmediato, lo que significa que puedes seguir el proceso de encontrar tus anhelos al mismo tiempo que el proceso de encontrar las señales que hemos visto en el apartado anterior.

Usa técnicas como la de señalar y verbalizar para encontrar la señal, y justo después de hacerlo, fíjate en el anhelo que estás experimentando. Básicamente, se trata de crear una acumulación de hábitos que te permita identificar la señal e identificar el anhelo.

Ahora, teniendo en cuenta el hábito que quieres abandonar, trata de detenerte cuando notes que quieres seguirlo. Suele ocurrir justo antes de que lo realices. Detente un momento y anota todo lo que observes sobre lo que sientes en ese instante: pensamientos, sentimientos, sensaciones físicas. Por ahora no trates de arreglar nada, ya que el objetivo consiste únicamente en observar.

Hábito: ____________________

Momento del anhelo:

____

____

____

____

____

Hábito: ____________________

Momento del anhelo:

____

____

____

____

____

Ahora fíjate en lo que has observado acerca del hábito en cuestión y piensa: ¿qué anhelabas en ese momento? O, dicho de otra forma, ¿por qué querías realizar el hábito? Esto suele tener dos capas: un anhelo superficial y un anhelo más profundo. Pasemos ahora a identificarlos.

LAS CAPAS DE LOS ANHELOS

Aunque la capa más superficial del anhelo pueda parecer muy sencilla —sentía el anhelo de fumar un cigarrillo porque quería un cigarrillo—, el verdadero anhelo es un sentimiento subyacente más profundo, quizá el deseo de sentirte menos estresado o de reducir el malestar físico. Cuando anhelamos algo, en realidad lo que sentimos es el deseo de cambiar nuestro estado interno o de sentirnos diferentes. Y cuando realizamos un hábito, estamos prediciendo que ese hábito nos proporcionará el cambio que queremos. Para llegar a esa capa más profunda, pregúntate: ¿qué crees que cambiará una vez que hayas realizado el hábito? La respuesta suele ser un sentimiento: «Creo que me sentiré más calmado, más conectado, más aceptado». Identificar esa capa más profunda no solo nos aporta las herramientas que necesitamos para eliminar el anhelo, sino que también nos ayuda a entender qué es lo que de verdad anhelamos para que podamos satisfacer esa necesidad de una forma más beneficiosa y positiva.

Hábito	Anhelo superficial	Anhelo profundo

Hábito	Anhelo superficial	Anhelo profundo

EL PODER DEL CAMBIO DE MENTALIDAD

Una forma de lograr que los hábitos que estás intentando abandonar se vuelvan menos atractivos es mediante un sencillo cambio de mentalidad. Como hemos visto, anhelamos los hábitos porque esperamos que nos aporten algún beneficio. Pero si utilizas el cambio de mentalidad para convencerte de que, en realidad, el hábito no te proporcionará ninguno de estos beneficios, entonces no tendrás ninguna razón para realizar el hábito ya de entrada.

Para ello, piensa en el hábito que estás intentando abandonar y fíjate en lo que has identificado como razones para anhelarlo. A continuación, anota las razones por las que el hábito en realidad no te servirá para satisfacer ese anhelo. Luego escribe qué beneficios obtendrías si no lo realizaras. ¿Qué tendría de positivo no realizarlo? El objetivo es reducir el atractivo de realizar el hábito y aumentar el atractivo de no hacerlo.

Hábito: ____

Anhelo	Por qué no te servirá para satisfacer el anhelo	Beneficios de no realizar el hábito

Hábito: ______________________________

Anhelo	Por qué no te servirá para satisfacer el anhelo	Beneficios de no realizar el hábito

Los cambios de mentalidad no solo sirven para abandonar hábitos, sino que también pueden ayudar enormemente a construirlos. Igual que cambiar de mentalidad puede hacer que los hábitos resulten poco atractivos, también puede hacer que los buenos hábitos —y en concreto los más difíciles— resulten más atractivos al asociarlos con sentimientos positivos.

El truco está en cambiar cómo hablamos acerca de los hábitos difíciles, de forma que demos énfasis a las partes positivas y no a las negativas. En lugar de decir «Tengo que madrugar para salir a correr», diríamos «Tengo la oportunidad de cuidar de mi cuerpo»; en lugar de decir «Este mes tengo que ahorrar», diríamos «Estoy construyendo mi libertad y mi estabilidad económicas». Pruébalo a continuación.

Hábito: ____________________

Mentalidad negativa	Mentalidad positiva

Hábito: ____________________

Mentalidad negativa	Mentalidad positiva

ESCOGER UNA NUEVA SOLUCIÓN

Cada vez que realizas un hábito, tu mente está intentando resolver un problema por medio del cambio de estado interno del que hemos hablado antes. Si el problema es el anhelo, el hábito es la solución. Así, si realizas el hábito, habrás abordado el problema, aunque quizá no de la forma que te gustaría. Pero que un hábito sea negativo no significa que el anhelo también lo sea o que debas ignorarlo. Querer que nos quieran o sentirnos en calma o conectados es un sentimiento natural que debe ser abordado, lo que significa que limitarte a intentar ignorar el hábito carece de efectividad y seguramente te llevará a poner en práctica la solución elegida —el hábito negativo— de nuevo.

Lo que puedes hacer es cambiar el hábito negativo por otro mejor que siga respondiendo al anhelo. ¿Pasas mucho rato en las redes sociales porque estás estresado? Cuando sientas ese impulso, prueba a estrujar una pelota antiestrés o a dedicar cinco minutos a meditar. ¿Tomas demasiado café porque necesitas pausas a lo largo de la jornada laboral? Sigue haciendo las pausas, pero trata de cambiar el café por agua, una infusión o agua con gas de algún sabor que te guste.

A continuación, escribe los anhelos del hábito que estás intentando eliminar y luego anota de qué otra forma más positiva podrías abordar ese anhelo en el momento.

Anhelo (el problema)	Hábito actual	Hábito alternativo (solución nueva)

La próxima vez que sientas el anhelo, prueba a realizar el hábito alternativo. Inténtalo durante una semana y luego reflexiona sobre cómo está yendo.

Reflexión pasada una semana: ¿el nuevo hábito abordaba el anhelo? ¿Qué te ha funcionado y qué te ha resultado difícil? ¿Quieres cambiar cómo identificas el anhelo o probar con otro hábito alternativo?

____

____

____

____

____

____

____

____

Escribe los anhelos del hábito que estás intentando eliminar y luego anota de qué otra forma más positiva podrías abordar ese anhelo en el momento.

Anhelo (el problema)	Hábito actual	Hábito alternativo (solución nueva)

La próxima vez que sientas el anhelo, prueba a realizar el hábito alternativo. Inténtalo durante una semana y luego reflexiona sobre cómo está yendo.

Reflexión pasada una semana: ¿el nuevo hábito abordaba el anhelo? ¿Qué te ha funcionado y qué te ha resultado difícil? ¿Quieres cambiar cómo identificas el anhelo o probar con otro hábito alternativo?

____

____

____

____

EL PODER DE LA INFLUENCIA SOCIAL

La cultura en la que vivimos determina qué comportamientos nos resultan atractivos.

Igual que el entorno físico es un factor muy importante a la hora de aplicar la Primera Ley, el entorno social es un factor clave cuando se trata de aplicar la Segunda Ley. Esto se debe a que la deseabilidad social es el factor que más determina el atractivo de nuestros hábitos.

Los humanos somos animales sociales por naturaleza. Es difícil exagerar hasta qué punto queremos encajar, sentir que pertenecemos al grupo y ganarnos la aprobación y el respeto de nuestros iguales. Eso significa que el entorno social —las personas y los grupos cuya aprobación buscamos— influye enormemente en nuestros hábitos. Es mucho más probable que sigamos los comportamientos que son valorados y están normalizados por los grupos a los que pertenecemos y por las personas de nuestro círculo más cercano. Si formas parte de un grupo de amigos que suele encontrarse en un bar, puede que termines bebiendo alcohol de manera habitual. Si formas parte de un club de corredores, es probable que pases mucho tiempo corriendo. Llevarás a cabo estos hábitos no necesariamente porque tú mismo los valores, sino porque el grupo lo hace.

Este es un concepto que merece mucho la pena entender en la era de las redes sociales, ya que la presión social es más intensa que nunca. Tanto lo que vemos que hacen los demás como las reacciones que recibimos ante nuestro contenido nos influyen, y por eso es fundamental que entendamos el efecto de esta situación en nuestro comportamiento y nuestras decisiones.

Esto significa que controlar nuestro entorno social es una de las maneras más poderosas que tenemos de influir en nuestros hábitos. Si formas parte de un grupo en el que cierto hábito es el comportamiento normal, seguirlo te resultará sencillo; pero si formas parte de un grupo en el que cierto comportamiento no entra dentro de lo normal, te costará realizarlo. E intentar cambiar tu comportamiento, alejándote así de la normalidad de un grupo, es muy difícil.

Puedes usar este hecho en beneficio propio cuando estés en el proceso de construir y eliminar hábitos. Basta con que te unas a grupos que practiquen los hábitos que quieres y abandones los grupos que mantengan los que no quieres. Si alineas tu entorno social con tus hábitos, estarás bien encaminado hacia el éxito.

VALORACIÓN DEL ENTORNO SOCIAL

Antes de poder empezar a diseñar un entorno social que propicie tus hábitos, es importante que valores cómo es tu entorno social actual. Solo entonces contarás con la información necesaria para determinar qué debes cambiar. Recuerda que estas preguntas solo pretenden que observes, no que te juzgues, y que sacarán a relucir cosas que te parecerán positivas y otras que considerarás negativas.

¿A qué grupos perteneces, qué hábitos fomentan/valoran/normalizan, y qué forma adopta ese fomento o normalización? Conforme identifiques tus grupos, recuerda lo que decíamos de los grupos cercanos, de los numerosos y de los poderosos. Y ten presente que los grupos pueden ser de todo tipo: grupos de actividades formales, grupos de amigos, familia, compañeros de trabajo y comunidades de identidad, por mencionar algunos.

Grupos	Hábitos que valoran/ normalizan	¿Cómo lo demuestran?

¿QUIÉNES SON LOS *INFLUENCERS*?

Imitamos los hábitos de tres grupos en concreto. Piensa en cada uno de ellos cuando te pongas a diseñar tu entorno social para asegurarte de que consigues tus objetivos.

Los cercanos: imitamos a las personas de nuestro entorno inmediato, a menudo de forma inconsciente.

Los numerosos: seguimos el consenso del grupo, incluso cuando pensamos que no es correcto.

Los poderosos: copiamos a quienes consideramos poderosos porque queremos ese poder para nosotros mismos.

¿De qué forma las comunidades a las que perteneces están influyendo en tus hábitos?

____

____

____

____

____

¿Qué cambios has apreciado en tus hábitos desde que formas parte de estos grupos?

____

____

¿En qué sentido esos grupos están influyendo en tus objetivos y en aquello que valoras?

¿Qué grupos te hacen sentir mejor?

¿Cuáles hacen que te sientas más como la persona que quieres ser?

¿Algunos de estos grupos te parecen perjudiciales para los hábitos que estás intentando forjar?

Cuando cambiar los hábitos implica cuestionar a la tribu, el cambio no es atractivo. Cuando crees que un cambio te hará encajar, te resultará muy atractivo.

APUNTALAR LOS HÁBITOS DESDE LA ESFERA SOCIAL

Fijémonos ahora en cómo puedes diseñar un entorno social que apuntale los hábitos que quieres construir y que no refuerce los que estás intentando abandonar.

Usa las respuestas de la valoración para reflexionar sobre los grupos a los que perteneces. ¿Respaldan realmente el cambio de comportamiento al que aspiras a través de sus normas y valores? ¿Hay alguno en el que ese no sea el caso? De ser así, piensa si hay algún otro grupo del que todavía no formes parte y que podría fomentar mejor ese cambio de conducta.

Hábito: ______________________________

Grupos actuales que respaldan el cambio de conducta	
Grupos actuales que no respaldan el cambio de conducta	
Otros grupos que podrían respaldar el cambio de conducta	

A partir de lo que acabas de escribir, ¿quieres unirte a algún grupo que refuerce tu cambio de conducta? Si es así, escribe un plan que te lleve a conseguirlo, como por ejemplo buscando grupos de personas que salgan a correr por tu zona.

____

____

____

____

____

____

____

¿Quieres reconsiderar tu exposición a algún grupo para ayudarte a lograr ese cambio de conducta? Si es así, escribe un plan sobre cómo podrías hacerlo.

____

____

____

____

____

Hábito: ____________________

Grupos actuales que respaldan el cambio de conducta	
Grupos actuales que no respaldan el cambio de conducta	
Otros grupos que podrían respaldar el cambio de conducta	

A partir de lo que acabas de escribir, ¿quieres unirte a algún grupo que refuerce tu cambio de conducta? Si es así, escribe un plan que te lleve a conseguirlo, como por ejemplo buscando grupos de personas que salgan a correr por tu zona.

____

____

____

____

____

____

¿Quieres reconsiderar tu exposición a algún grupo para ayudarte a lograr ese cambio de conducta? Si es así, escribe un plan sobre cómo podrías hacerlo.

____

____

____

____

____

____

ENCUENTRA LOS ALIADOS ADECUADOS

Al escoger a tus amigos de hoy estarás escogiendo tus hábitos de mañana.

Los principios de apoyo no solo se aplican a los grupos a los que nos unimos, sino que también afectan a las relaciones personales, ya sean románticas, platónicas, familiares o profesionales. Identificar qué relaciones refuerzan el cambio de conducta al que aspiramos y cuáles no es crucial para que los hábitos nos parezcan atractivos.

¿Qué relaciones influyen más en tu vida diaria? Anota entre tres y cinco.

¿Qué relaciones te agotan? ¿Cuáles te aportan energía?

¿Con qué personas te sientes más como la persona que quieres ser?

¿Qué relaciones refuerzan más el cambio de conducta que estás intentando implementar en tu vida? ¿Cómo puedes usarlas para tu propio beneficio?

¿Hay alguna relación que consideres perjudicial para tus hábitos? De ser así, ¿cómo quieres gestionar la situación?

A partir de lo que acabas de escribir, piensa en el hábito que estás construyendo e identifica a las personas que más te ayudarán en este proceso y cómo te gustaría que fuese ese apoyo.

Hábito: ____

¿Quién te apoyará?	
¿Cómo te prestará ese apoyo?	

Hábito: ____

¿Quién te apoyará?	
¿Cómo te prestará ese apoyo?	

CONCLUSIÓN: LA SEGUNDA LEY DEL CAMBIO DE CONDUCTA

Ahora te toca a ti. A partir de lo que has aprendido con estos ejercicios, haz una lista de cómo usarás la Segunda Ley del Cambio de Conducta para influir en lo atractivos que te resultan tus hábitos. Piensa en lo que te ha funcionado y en lo que no, y, si quieres, combina los principios de formas nuevas. El objetivo no es que sigas una plantilla, sino que experimentes y encuentres lo que te funciona.

Hábito: ______________________________

¿Cómo usarás la Segunda Ley para propiciar tu cambio de conducta?

Hábito: ______________________________

¿Cómo usarás la Segunda Ley para propiciar tu cambio de conducta?

Fíjate en lo que has escrito y comprométete a implementar estas estrategias. Te servirán como base de tus hábitos conforme avanzas con las otras dos leyes del cambio de conducta.

HOJA DE REPASO: LA SEGUNDA LEY DEL CAMBIO DE CONDUCTA

La Segunda Ley del Cambio de Conducta es «hacerlo atractivo».
Para construir hábitos, hazlos atractivos.

Principios clave	Ejercicios
Crea anhelos. ▪ Los hábitos resultan atractivos cuando los asociamos con sentimientos positivos. ▪ Los nuevos hábitos todavía no están asociados con sentimientos positivos, así que tenemos que convertirlos en algo que anhelemos.	▪ Usa la acumulación de tentaciones. Combina la acción que tienes que hacer con una acción que quieras hacer. ▪ Haz que tus hábitos sean divertidos. ▪ Crea un ritual de motivación. ▪ Cambia tu mentalidad. Pon énfasis en los beneficios de seguir tus buenos hábitos.
Diseño del entorno social. ▪ El entorno social —los grupos a los que pertenecemos y las relaciones que mantenemos— es lo que más determina si nuestros hábitos nos resultan atractivos o no.	▪ Diseña tu entorno social de forma que respalde tus cambios de hábitos. ▪ Únete a una cultura en la que el comportamiento al que aspiras sea la norma.

La Inversión de la Segunda Ley del Cambio de Conducta es «hacerlo poco atractivo».
Para eliminar hábitos, hazlos poco atractivos.

Principios clave	Ejercicios
Identifica los anhelos. ▪ Identifica por qué anhelas tus malos hábitos para poder abordar dichos anhelos. ▪ Los hábitos son soluciones a los anhelos; si identificas el anhelo, podrás encontrar una solución más efectiva.	▪ Usa la estrategia de señalar y verbalizar para fijarte en tus anhelos según van surgiendo. ▪ Busca hábitos alternativos que encajen con los anhelos.
Haz que tus malos hábitos te resulten poco atractivos.	▪ Cambia de mentalidad. Pon énfasis en evitar tus malos hábitos.
Diseño del entorno social. ▪ El entorno social —los grupos a los que pertenecemos y las relaciones que mantenemos— es lo que más determina si nuestros hábitos nos resultan atractivos o no.	▪ Diseña tu entorno social de forma que respalde tus cambios de hábitos. ▪ Abandona los grupos que propicien tus malos hábitos y únete a otros que respalden tu cambio de conducta.

AVANCES

Saborea las pequeñas victorias tanto como criticas los pequeños errores.

¿Cómo lo estás llevando hasta ahora?

¿Cómo puntuarías tu avance en general?

1 2 3 4 5 6 7 8 9 10

¿Tus hábitos siguen reforzando la identidad que quieres forjar?

¿Qué victoria, por pequeña que sea, has obtenido de tu esfuerzo hasta el momento?

¿Qué te está funcionando? ¿Qué no?

¿Qué obstáculos te están impidiendo avanzar? ¿Qué tienes pensado hacer para superarlos?

¿Qué conclusiones has extraído?

¿Pueden mis hábitos actuales llevarme al futuro al que aspiro?

LA TERCERA LEY:
Hacerlo fácil

La Tercera Ley del Cambio de Conducta —hacerlo fácil— consiste en influir en los hábitos desde la respuesta, que es el momento en el que el hábito tiene lugar. Cuando pensamos en lo que hace que sigamos ciertos comportamientos, solemos pensar que el comportamiento viene determinado por la motivación. Si nos está costando poner un hábito en práctica, nos castigamos porque creemos que la culpa es de la falta de motivación. Pero al hacerlo no estamos teniendo en cuenta la realidad de la psicología humana.

Desde el punto de vista evolutivo, estamos programados para seguir la Ley del Mínimo Esfuerzo, la cual establece que, cuando se trata de decidir entre dos opciones parecidas, lo natural es tender hacia la opción que nos proporciona el mayor valor a cambio del menor trabajo o energía. En otras palabras: estamos predispuestos a hacer lo más fácil. Eso significa que, cuando hablamos de los hábitos, lo que más determina si los realizaremos no es la motivación, sino la dificultad, o más bien dicho, la facilidad con la que se pueden realizar. Aunque contar con una buena dosis de motivación te puede ayudar a sacar adelante incluso los comportamientos más difíciles, la motivación requiere mucha energía y es variable por naturaleza. Confiar únicamente en la motivación para implementar los hábitos es una forma infalible de terminar no realizándolos. Pero si logras que esos mismos hábitos sean fáciles, te asegurarás de que se puedan realizar incluso cuando la motivación escasea.

LA LÍNEA DEL HÁBITO

Los comportamientos se convierten en hábitos cuando se vuelven automáticos. Este umbral se conoce como la *línea del hábito* y no se alcanza manteniendo el hábito durante un periodo de tiempo concreto, sino realizándolo un número concreto de veces.

Los hábitos se forjan a través de la repetición frecuente. En otras palabras: si quieres construir un hábito, tienes que ponerlo en práctica.

Esta es la otra razón por la que la Tercera Ley es importante: porque forjar un hábito exige que lo repitas muchas muchas veces. Y la mejor forma de asegurarte de que lo harás es haciendo que cada repetición resulte lo más fácil posible.

Esta es la Tercera Ley del Cambio de Conducta, y es sencilla pero muy poderosa. Para forjar un hábito, debes hacer que sea fácil de realizar. Y también ocurre a la inversa: para eliminar un hábito, debes hacer que te resulte difícil. Dicho de otra forma, la clave para implementar los comportamientos a los que aspiramos es conseguir que sean lo más fáciles posibles. Y la clave para abandonar los hábitos que no queremos consiste en lograr que nos resulten tan difíciles de realizar como sea posible.

En lo que queda de apartado veremos algunas estrategias prácticas para usar la Tercera Ley y su inversión para construir y eliminar hábitos. Para los ejercicios siguientes, puedes usar el hábito o los hábitos que has seleccionado en la primera parte o seleccionar otros nuevos en los que centrarte.

La Tercera Ley del Cambio de Conducta:
para construir un hábito, hazlo fácil.
La Inversión de la Tercera Ley del Cambio de Conducta:
para eliminar un hábito, hazlo difícil.

LA REGLA DE LOS DOS MINUTOS

Cuando intentamos cambiar nuestra conducta, uno de los errores en los que más caemos es tratar de hacer demasiado desde el primer momento. Es fácil emocionarse y ponerse a entrenar para una maratón, a meditar durante una hora cada día o a leer un libro a la semana. Pero por muy positivos que puedan ser estos hábitos, son difíciles de mantener a largo plazo, sobre todo si se empieza desde cero. Si pasas de no correr nunca a entrenar para una carrera de diez kilómetros, es probable que acabes quemándote y que abandones el hábito.

En lugar de organizarte para hacer lo que solo conseguirás en tus mejores días, optimiza tu plan para lo que podrás mantener incluso en los peores.

Cuando te estás organizando para cambiar una conducta, es crucial que empieces con la versión más sencilla del hábito, es decir, la que sí que podrás mantener, para ir ampliándola a partir de ahí. Esto no siempre es fácil de aceptar cuando uno está ilusionado por cambiar radicalmente su vida, pero no importa lo maravilloso que sea el hábito si te va a costar demasiado ponerlo en marcha. Por eso, recuerda que un inicio imperfecto siempre se puede mejorar. La versión del hábito que sí puedes mantener te ayudará más que la versión que no. Empieza ahora y optimiza luego.

REFORZAR LOS HÁBITOS BASADOS EN LA IDENTIDAD

La versión de dos minutos de los hábitos también ayuda porque, aunque sea demasiado pequeña, suma un voto a favor para la identidad que estás tratando de construir, lo que a su vez pone en marcha el ciclo de los hábitos basados en la identidad, que se va retroalimentando y que tan importante es para impulsar el cambio de conducta.

Incluso sabiendo que deberías empezar dando pequeños pasos, es fácil querer hacer más de lo que podemos gestionar. La mejor forma de contrarrestar esta tendencia es usar la Regla de los Dos Minutos, la cual establece lo siguiente: «Cuando se empieza un nuevo hábito, debería poder realizarse en menos de dos minutos». En otras palabras: un nuevo hábito no debe percibirse como un reto. La idea es que la versión de dos minutos del hábito ofrece una probabilidad muy elevada de que se repita. En cuanto has empezado a hacer algo, es mucho más fácil seguir haciéndolo. Y si das el primer paso, con el tiempo podrás ampliarlo hasta que llegue a ser el hábito al que aspiras.

Para ir practicando, escribe la versión ideal de tu hábito y luego piensa en cómo podría ser si lo tradujeses a algunas versiones de dos minutos. Para ello, la clave es adoptar un enfoque granulado, ya sea reduciendo el hábito —leer una página en lugar de veinte— o consiguiendo completar el primer paso de lo que esperas que se convierta en un hábito más prolongado, como podría ser ponerte la ropa deportiva en lugar de ir al gimnasio.

Hábito: ______________________________

Versión ideal	Versión de dos minutos

Ahora, escoge una de esas versiones de dos minutos y pruébala durante una semana. Luego, vuelve y reflexiona sobre ello.

Reflexión pasada una semana: ¿cómo ha ido? ¿Has podido mantener esta versión del hábito? ¿Quieres hacer alguna modificación y volver a intentarlo?

____

____

____

Hábito: ____

Versión ideal	Versión de dos minutos

Ahora, escoge una de esas versiones de dos minutos y pruébala durante una semana. Luego, vuelve y reflexiona sobre ello.

Reflexión pasada una semana: ¿cómo ha ido? ¿Has podido mantener esta versión del hábito? ¿Quieres hacer alguna modificación y volver a intentarlo?

____

____

____

____

CUÁNDO PARAR

Haz menos de lo que eres capaz, pero hazlo con más constancia que antes.

Incluso cuando se planea la versión de dos minutos del hábito, puede costar mantener esta versión fácil sin dejar que se vaya transformando en otra más difícil. La Regla de los Dos Minutos puede parecer una trampa: quizá te estés diciendo que, como en realidad el objetivo es mantener el hábito durante más tiempo, esos dos minutos no son más que un truco mental para que abras la puerta, y que lo que deberías hacer después es seguir. El problema es que pensar así reduce el poder de la Regla de los Dos Minutos porque te anima a avanzar demasiado pronto, lo que conlleva que el hábito sea difícil, cuando de lo que se trata es de que sea muy sencillo.

Si te está pasando esto, pon una alarma de dos minutos y, sin importar en qué medida hayas realizado el hábito, para en cuanto suene. Quedarte por debajo del punto en el que el hábito empieza a hacerse difícil comporta que el ciclo de la retroalimentación positiva emerja y aumenta las posibilidades de que lo vuelvas a realizar.

ESCALA EL HÁBITO HACIENDO QUE TE DIVIERTA

Una forma concreta de escalar el hábito hasta su versión más sencilla y factible consiste en hacer que sea divertido. Identificar la versión divertida del hábito puede ayudar a que sea más atractivo y tiene el beneficio adicional de que también conlleva que se perciba como más fácil. Si estás intentando empezar a seguir una rutina deportiva, pero salir a correr te supone un esfuerzo excesivo, apúntate a una clase de baile. La música divertida, los compañeros y los horarios fijos harán que sea fácil y agradable de mantener.

Puede que pasar a realizar una versión divertida del hábito sea la única estrategia que necesites para cambiar tu conducta. O, como en el caso de la Regla de los Dos Minutos, puedes usar la versión divertida para abrir la puerta del hábito y, cuando tengas la sensación de que esa versión ya está implementada, pasar a ampliarlo hasta la versión ideal que tenías en mente. Empieza con la clase de baile, y cuando hayas cogido el ritmo de mover el cuerpo varias veces a la semana, sustituye una de esas clases por salir a correr. Ahora que te has acostumbrado a moverte de forma habitual y tu capacidad cardiovascular ha mejorado, correr te parecerá menos difícil y más placentero.

En la página siguiente, escribe la versión ideal de tu hábito y luego piensa cómo podrían ser sus versiones divertidas. Cuanto más fácil y agradable sea, más probable será que no lo dejes.

Hábito: ____

Versión ideal	**Versión divertida**

Ahora, escoge una versión divertida y pruébala durante una semana. Luego, vuelve y reflexiona sobre ello.

Reflexión pasada una semana: ¿cómo ha ido? ¿Has podido mantener esta versión del hábito? ¿Quieres hacer algún cambio y volver a intentarlo?

____

____

____

Hábito: ______________________________

Versión ideal	Versión divertida

Ahora, escoge una versión divertida y pruébala durante una semana. Luego, vuelve y reflexiona sobre ello.

Reflexión pasada una semana: ¿cómo ha ido? ¿Has podido mantener esta versión del hábito? ¿Quieres hacer algún cambio y volver a intentarlo?

____

____

____

Lo difícil no suele ser realizar el esfuerzo, sino comenzar a hacer algo. En cuanto empiezas, suele costar menos seguir. Por eso, al principio, a menudo importa más construir el hábito de empezar que preocuparte sobre si estás haciendo lo suficiente.

Reflexiona sobre el texto anterior. ¿Cómo podrías aplicarlo a tu vida y a tus hábitos, y qué puedes extraer de ello?

___

___

___

___

___

___

___

___

___

___

___

MOLDEAR LOS HÁBITOS

Aunque es fundamental contar con la versión más fácil del hábito para ponerte en marcha, casi nunca coincide con la versión del hábito que esperas haber adquirido en un futuro. Si has escalado el hábito de hacer ejercicio a ponerte la ropa de hacer deporte, imagino que lo que querrías es terminar yendo al gimnasio. ¿Cómo pasamos de la versión fácil a la versión ideal sin volver a hacer que el hábito sea demasiado difícil por error? El truco es una estrategia que nos permite moldear los hábitos.

Con esta técnica, una vez que hayas dominado la versión de dos minutos del hábito, lo escalas un poquito, centrándote siempre en dominar este nuevo nivel antes de volver a escalarlo. Y vas repitiendo el mismo proceso hasta que alcanzas la versión ideal del hábito. El truco es no dejar de seguir la Tercera Ley, ya que se trata de escalar el hábito, pero mantenerse siempre en un nivel que resulte fácil. Una forma de hacerlo es pasar de un nivel al siguiente usando la Regla de los Dos Minutos. Cuando escales el hábito, empieza siempre con la versión de dos minutos del nuevo nivel para que siga pareciéndote sencillo.

CONVERTIR EL PROCESO EN UN RITUAL

Cuando empiezas a escalar el hábito, la versión de los dos minutos no desaparece. Más bien se convierte en el ritual que siempre sigues al principio de una rutina más prolongada, lo que implica que sea más fácil ponerse en situación y adquirir la concentración necesaria para realizar la rutina completa. Es como la estrategia que siguen los deportistas y los músicos para calentar, o como esa costumbre que tienes de organizar el escritorio siempre de la misma forma antes de ponerte a escribir. El ritual del comienzo se convierte en una señal que te envías a ti mismo y que te ayuda a adoptar la mentalidad que necesitas para realizar la actividad.

Para empezar a moldear tu hábito, es necesario que planifiques las etapas del hábito que separan la versión más fácil de la versión ideal.

A continuación, piensa en tu hábito y llena la casilla «Primera fase» con la versión fácil que has estado poniendo en práctica, y luego escribe la versión ideal en «Quinta fase». Luego, completa las otras fases con los pasos que separan una de otra.

Aquí tienes un ejemplo de cómo diseñar un hábito:

Primera fase	Segunda fase	Tercera fase	Cuarta fase	Quinta fase
Ponerme la ropa de hacer deporte.	*Salir a la calle (intentar dar un paseo).*	*Ir al gimnasio, hacer ejercicio durante cinco minutos e irme.*	*Hacer ejercicio durante quince minutos al menos una vez a la semana.*	*Hacer ejercicio tres veces por semana.*

Hábito: ________________________________

Primera fase	Segunda fase	Tercera fase	Cuarta fase	Quinta fase

Hábito: ________________________________

Primera fase	Segunda fase	Tercera fase	Cuarta fase	Quinta fase

DOMINAR LOS MOMENTOS DECISIVOS

Si encontrar la versión más pequeña y fácil de los hábitos importa, es porque te ayuda a abrir la puerta a esos hábitos, y también porque es clave para aprovechar al máximo los momentos decisivos.

Pasamos cada momento del día tomando decisiones, pero es fundamental saber que no todas las decisiones tienen el mismo impacto. Algunas son nimias, mientras que otras terminan influyendo en todo el día. Por ejemplo, en mi caso, he descubierto que todos los días, al terminar de trabajar, hay un momento breve que define cómo será el resto de la tarde. Cuando mi mujer llega de trabajar, o bien vamos al gimnasio, o bien nos sentamos en el sofá y nos pasamos lo que queda de tarde viendo la televisión. Aquí, el momento decisivo —lo que hacemos cuando mi mujer llega de trabajar— es lo que determina el resto de la tarde, y tiene mucho más impacto en cómo es nuestro día que otras decisiones que tomamos. Una vez tomada esa decisión, el resto se pone en su sitio como piezas de dominó.

Aquí, la cuestión es que los momentos pequeños pueden tener una influencia enorme en el resto del tiempo. Los hábitos no son el punto final de las buenas decisiones, sino la puerta de entrada.

Para aprovechar el poder de los momentos decisivos y hacer que te sean favorables, empieza estableciendo un inventario de tu día para determinar cuáles son tus momentos decisivos. A lo largo de una semana, fíjate en lo que haces durante las distintas partes de la jornada y anota los momentos en los que sabes que tomar una decisión —por diminuta que sea— tendrá un impacto enorme en el curso que seguirá el día.

	Mañana	**Mediodía**	**Tarde**
Lunes			
Martes			

	Mañana	Mediodía	Tarde
Miércoles			
Jueves			
Viernes			
Sábado			
Domingo			

Cuando haya pasado una semana, consulta lo que escribiste para ver si observas algún patrón. ¿Cuáles crees que son los momentos decisivos del día? ¿Cuáles son las opciones habituales a cada lado de esos momentos decisivos?

____

____

____

____

____

____

Ahora, veamos cómo podemos lograr que te resulte lo más fácil posible escoger el camino que lleva al comportamiento al que aspiras. En cada momento decisivo que hayas identificado, escribe las opciones a cada lado del árbol de decisiones, marca con un círculo la opción que preferirías escoger y luego escribe la versión de dos minutos de dicho camino. Por ejemplo, retomando el ejemplo de mis tardes, la versión de dos minutos del camino del gimnasio es ponernos la ropa de hacer deporte. Con llevar a cabo ese hábito de dos minutos suele bastar para que sigamos el camino del gimnasio y no el de la televisión.

Momento decisivo	Opciones	Hábito de dos minutos

Ahora, escoge uno de esos hábitos de dos minutos y, a lo largo de una semana, ponlo a prueba durante el momento decisivo del día. Luego, vuelve y reflexiona sobre ello.

Reflexión pasada una semana: ¿cómo ha ido? ¿Has podido realizar la versión de dos minutos del camino que querías? ¿Crees que has elegido el camino deseado más a menudo de lo normal? ¿Quieres hacer alguna modificación y volver a intentarlo?

____

____

____

____

____

EL PODER DE LA FRICCIÓN

Antes de intentar tener más fuerza de voluntad, trata de reducir la fricción en tu entorno.

Ahora que hemos hablado sobre cómo lograr que nos resulte fácil poner en marcha un hábito, veamos cómo conseguir que sea más fácil de hacer. No te sorprenderá que te diga que, igual que con la Primera y la Segunda Ley, encontrarás la respuesta en tu entorno.

También puedes diseñar tu entorno para influir en la facilidad con la que se realizan los hábitos. Aquí, la palabra clave es *fricción*, o lo fácil o difícil que te lo pone tu entorno para que realices el hábito. Por ejemplo, piensa en tu cocina. ¿Qué hay en el estante más alto del armario al que te cuesta más llegar? Lo que haya en él supone un grado de fricción elevado a la hora de alcanzarlo, lo que significa que usar esos productos requiere mucha energía (ya que hay que subirse a un taburete o a la encimera). Ahora piensa en lo que hay en la encimera. Estos productos implican un nivel de fricción bajo cuando se trata de acceder a ellos, lo que significa que casi no tendrás que invertir energía para tomarlos. El resultado es que es poco probable que utilices lo que tienes en los estantes elevados y muy probable que uses lo que hay en la encimera.

Lo importante es que te asegures de que estás utilizando este factor a tu favor. Si quieres preparar más batidos, pero tienes la batidora en el estante más elevado, te costará forjar este hábito. En cambio, si estás intentando beber menos café pero tanto el café como la cafetera están en la encimera, te costará más controlarte.

Y lo mismo ocurre en todos los entornos en los que pasas tiempo. Si los diseñas para que faciliten los comportamientos que quieres adoptar, verás que te resultan facilísimos. Si los diseñas para que te cueste llevar a cabo los comportamientos que quieres abandonar, verás que te cuesta mucho menos evitarlos.

VALORACIÓN DEL ENTORNO

Ya sabes cómo va la cosa: antes de ponerte a cambiar tu entorno, es importante que valores cómo es.

Para empezar, ve a un espacio de tu casa en el que pases mucho tiempo y mira a tu alrededor. Fíjate en lo que te cuesta mucha energía hacer en ese espacio (fricción elevada) y en lo que no (fricción baja). Ten en cuenta que, a diferencia de las señales, no se trata necesariamente de lo que es visible. En realidad, cuando pensamos en la fricción, suele tener más que ver con lo que es de fácil acceso y lo que no.

A continuación, escribe qué hábitos facilita este espacio y qué hábitos no, y qué es lo que hace que estos comportamientos generen un nivel bajo o elevado de fricción.

Hábitos facilitados	Qué hace que la fricción sea baja	Hábitos no facilitados	Qué hace que la fricción sea elevada

Ahora repite este ejercicio en otras estancias de tu casa en las que pases una cantidad de tiempo considerable o en las que lleves a cabo los hábitos que tienes en mente. También puedes usarlo para evaluar espacios relevantes que estén fuera de casa, como tu lugar de trabajo.

Espacio: ______________________________

Hábitos facilitados	Qué hace que la fricción sea baja	Hábitos no facilitados	Qué hace que la fricción sea elevada

Espacio: ______________________________

Hábitos facilitados	Qué hace que la fricción sea baja	Hábitos no facilitados	Qué hace que la fricción sea elevada

Espacio: ______________________________

Hábitos facilitados	Qué hace que la fricción sea baja	Hábitos no facilitados	Qué hace que la fricción sea elevada

Espacio: ____________________

Hábitos facilitados	Qué hace que la fricción sea baja	Hábitos no facilitados	Qué hace que la fricción sea elevada

El espacio digital, y en concreto el celular y la computadora, es otro espacio que tiene un impacto extraordinario en todas nuestras vidas. Dedica un momento a repetir el ejercicio aplicándolo a tu espacio digital, y fíjate en lo que facilitan tus dispositivos y en lo que no.

Espacio: ______________________

Hábitos facilitados	Qué hace que la fricción sea baja	Hábitos no facilitados	Qué hace que la fricción sea elevada

Ahora echa un vistazo a la valoración que has hecho de tus espacios. ¿Qué salta a la vista? ¿Qué patrones estás observando en cuanto a cómo tus espacios respaldan o no tus hábitos?

____

____

____

____

____

____

A partir de esta valoración, ¿qué espacios crees que son más propicios para realizar tus hábitos y cuáles lo son menos?

____

____

____

____

____

____

Haz una lista de algunas ideas sobre cómo puedes cambiar dichos espacios para que respalden tus hábitos:

Dedica un momento a pensar concretamente en tus espacios digitales. ¿De qué forma están facilitando, o no, los hábitos a los que aspiras? ¿Se te ocurre algún cambio que puedas hacer para generar un entorno más propicio para tus hábitos?

DISEÑAR EL ENTORNO PARA FACILITAR LOS HÁBITOS

Ahora que ya has valorado tus espacios, es hora de aplicar la Tercera Ley para diseñar tu entorno de una forma que te ayude a conseguir lo que quieres.

A partir de la valoración, identifica el entorno más relevante para el hábito que estás tratando de forjar o eliminar. Recuerda que ese entorno puede ser digital.

Hábito: ______________________ Entorno: ____________________

A continuación, identifica los elementos relacionados con dicho hábito y el grado de fricción en el que están envueltos actualmente en tu entorno. Entonces, en la columna de la derecha, dibuja una flecha que indique en cada caso si quieres que el grado de fricción aumente o se reduzca.

Objeto	Grado de fricción	↑↓

A partir del análisis que acabas de efectuar, busca ideas sobre cómo podrías rediseñar tu entorno para que facilitase el comportamiento al que aspiras. Ten presente que, cuanto más factibles sean, más probable será que las lleves a cabo. Por ejemplo, aunque remodelar tu casa para incluir un gimnasio seguramente te ayudará a facilitar el hábito de hacer ejercicio, también podrías lograr el mismo efecto moviendo la esterilla de yoga para que esté junto al sofá.

Ahora implementa las ideas que has encontrado, convive con ellas durante una semana y luego vuelve para reflexionar sobre cómo ha ido.

Reflexión pasada una semana: ¿qué te ha resultado más útil? ¿Qué ha tenido el mayor impacto en el comportamiento en cuestión? ¿Hay algo que debas cambiar en tu entorno para facilitar el cambio de conducta?

A partir de la valoración, identifica el entorno más relevante para el hábito que estás tratando de forjar o eliminar. Recuerda que ese entorno puede ser digital.

Hábito: ______________________ Entorno: ___________________

Ahora, identifica los elementos relacionados con dicho hábito y el grado de fricción en el que están envueltos actualmente en tu entorno. Entonces, en la columna de la derecha, dibuja una flecha que indique en cada caso si quieres que el grado de fricción aumente o se reduzca.

Objeto	Grado de fricción	↑↓

A partir del análisis que acabas de hacer, busca ideas sobre cómo podrías rediseñar tu entorno para que facilitase el comportamiento al que aspiras. Ten presente que, cuanto más factibles sean, más probable será que las lleves a cabo. Por ejemplo, aunque remodelar tu casa para incluir un gimnasio seguramente te ayudará a facilitar el hábito de hacer ejercicio, también podrías lograr el mismo efecto moviendo la esterilla de yoga para que esté junto al sofá.

Ahora implementa las ideas que has encontrado, convive con ellas durante una semana y luego vuelve para reflexionar sobre cómo ha ido.

Reflexión pasada una semana: ¿qué te ha resultado más útil? ¿Qué ha tenido el mayor impacto en el comportamiento en cuestión? ¿Hay algo que debas cambiar en tu entorno para facilitar el cambio de conducta?

PREPARA TU ENTORNO PARA LOS COMPORTAMIENTOS FUTUROS

Preparar tu entorno es una forma concreta de diseño ambiental que te puede ayudar a respaldar los comportamientos que quieres implementar. Si estás intentando construir el hábito de correr por las mañanas, dejar preparadas la ropa y las zapatillas por la noche puede bastar para que te levantes y lo hagas. Y si estás intentando comer más comida casera, cocinar algunos platos durante el fin de semana puede contribuir a que preparar la cena a lo largo de la semana sea pan comido.

Piensa en el hábito que quieres desarrollar y plantéate de qué formas podrías preparar tu entorno para que te ayude a realizar los comportamientos que quieres en el futuro.

Hábito:

____

Formas de preparar tu entorno para futuros usos:

____

____

____

____

____

____

Ahora, trata de implementar algunas formas durante una semana y luego reflexiona sobre cómo ha ido.

Reflexión pasada una semana: ¿qué es lo que te ha resultado más útil? ¿Alguna forma te ha servido para ayudarte a realizar tu hábito en el futuro? ¿Tienes que cambiar algún otro aspecto del entorno para facilitar tus comportamientos futuros?

____

____

____

____

____

____

____

Piensa en el hábito que quieres desarrollar y plantéate de qué formas podrías preparar tu entorno para que te ayude a realizar los comportamientos que quieres en el futuro.

Formas de preparar tu entorno para futuros usos:

____

Hábito: ____________________

____________________ ____________________

____

____

____

Ahora, trata de implementar algunas formas durante una semana y luego reflexiona sobre cómo ha ido.

Reflexión pasada una semana: ¿qué es lo que te ha resultado más útil? ¿Alguna forma te ha servido para ayudarte a realizar tu hábito en el futuro? ¿Tienes que cambiar algún otro aspecto del entorno para facilitar tus comportamientos futuros?

____

____

____

HAZ QUE TE CUESTE METER LA PATA

A menudo, los hábitos derivan de la comodidad. Los humanos estamos diseñados para buscar el camino que nos plantee la menor resistencia, lo que significa que la opción más cómoda es la que suele salir ganando. Haz que las buenas decisiones sean cómodas y que las malas lo sean menos. De esta forma, tu comportamiento mejorará por su cuenta.

La Inversión de la Tercera Ley del Cambio de Conducta consiste en hacerlo difícil. Para evitar realizar un hábito en concreto, asegúrate de que sea difícil de hacer. Resulta lógico que este principio se pueda usar para eliminar hábitos —para eliminar un hábito, asegúrate de que te resulte difícil—, pero lo cierto es que también se puede emplear para forjar hábitos: para crear un hábito, haz que te resulte difícil realizar cualquier cosa que no sea eso. Los próximos ejercicios girarán en torno al principio de cómo podemos usar la facilidad y la dificultad para asegurarnos de que sea imposible realizar otra cosa que el comportamiento al que aspiramos.

USAR UN DISPOSITIVO QUE TE AYUDE A MANTENER EL COMPROMISO

La primera herramienta con la que trabajaremos es un dispositivo que permita mantener el compromiso o una decisión que tomes en el presente y que controle tus acciones del futuro. Este tipo de dispositivos fijan el comportamiento futuro al limitar nuestra habilidad de tomar decisiones futuras que puedan influir en el comportamiento; de esta forma, te vinculan a las decisiones buenas y restringen las malas.

Por ejemplo, si quieres trabajar sin que las redes sociales te distraigan por unas horas, descarga un programa que te impida acceder a ciertas páginas web durante un periodo de tiempo concreto. O si quieres adquirir una nueva habilidad pero te cuesta encontrar tiempo para hacerlo, apúntate a una clase y págala por adelantado.

Los dispositivos para mantener el compromiso son útiles porque te permiten aprovechar tus buenas intenciones antes de que caigas en la tentación. Te consienten tomar una decisión para tu yo futuro y se ocupan de que ese yo futuro tenga que adherirse al comportamiento que quieres. La clave está en lograr que no hacer el comportamiento deseado en el futuro exija mucho más trabajo que realizarlo.

Para el hábito que estás trabajando, piensa de qué formas podrías usar estos dispositivos para ayudarte a fijar el comportamiento al que aspiras.

Dispositivos para mantener el compromiso:

Hábito:

Ahora escoge una idea, trata de implementarla durante una semana y luego reflexiona sobre cómo ha ido.

Reflexión pasada una semana: ¿te ha resultado útil? ¿Te ha parecido efectivo a la hora de fijar tu comportamiento? ¿Quieres realizar algún ajuste en el dispositivo o escoger otro para volver a intentarlo durante una semana más?

Para el hábito que estás trabajando, piensa de qué formas podrías usar estos dispositivos para ayudarte a fijar el comportamiento al que aspiras.

Dispositivos para mantener el compromiso:

____

Hábito: ______________________________

______________________________ ______________________________

____

____

____

Ahora escoge una idea, trata de implementarla durante una semana y luego reflexiona sobre cómo ha ido.

Reflexión pasada una semana: ¿te ha resultado útil? ¿Te ha parecido efectivo a la hora de fijar tu comportamiento? ¿Quieres realizar algún ajuste en el dispositivo o escoger otro para volver a intentarlo durante una semana más?

____

____

____

____

AUTOMATIZA TUS HÁBITOS

Los dispositivos para mantener el compromiso no son la única forma de tomar decisiones para tu yo futuro. Si quieres ir un paso más allá, puedes buscar formas de automatizar tus comportamientos a largo plazo de manera que solo te resulte accesible el comportamiento positivo que tienes en mente. Igual que los dispositivos para mantener el compromiso, la automatización te permite tomar decisiones cuando el grado de motivación es elevado y eliminar de la ecuación las decisiones futuras. Cuando trabaja a tu favor, la automatización puede hacer que los buenos hábitos resulten inevitables y que los hábitos negativos sean imposibles. Pero a diferencia de los dispositivos de los que veníamos hablando, que suelen funcionar solo durante un periodo de tiempo concreto, automatizar tu comportamiento positivo comporta que pueda ejecutarse por sí solo de forma indefinida. La automatización es la manera definitiva de fijar un comportamiento futuro en lugar de tener que confiar en la fuerza de voluntad de la que dispongamos en un momento dado.

Si automatizas tu vida tanto como te sea posible, podrás invertir tus esfuerzos en las tareas que las máquinas todavía no pueden hacer.

La automatización puede adoptar muchas formas distintas, pero la más habitual tiene que ver con la tecnología. Domiciliar las facturas, programar transferencias automáticas para que una parte de la nómina vaya directamente a una cuenta de ahorro para la jubilación y usar servicios de suscripción para hacer la compra son formas de lograr que las buenas decisiones sean automáticas en el futuro.

¿Se te ocurre alguna forma de automatizar algunos de los hábitos que estás intentando implementar? La automatización no siempre puede aplicarse a los hábitos diarios, y a veces tampoco está disponible, pero si crees que te podría ayudar, utiliza este espacio para buscar ideas.

Automatización:

Hábito:

Escoge una idea de automatización, trata de implementarla durante una semana y luego reflexiona sobre cómo ha ido.

Reflexión pasada una semana: ¿te ha resultado útil? ¿Te ha parecido que lograba fijar tu comportamiento? ¿Quieres cambiar algún aspecto de la automatización o escoger otra para probarla durante una semana?

Aunque la automatización funciona muy bien, a menudo suele ser especialmente útil no con los hábitos diarios, sino con los comportamientos que no son tan frecuentes como para que se conviertan en hábitos. Los comportamientos que deben realizarse una vez al mes o al año —pedir hora para chequeos anuales, acordarse de los cumpleaños de los amigos, renovar recetas médicas— nunca se repetirán con la frecuencia necesaria como para convertirse en un hábito. Eso los deja a merced de la memoria y de la motivación, que son dos cosas terriblemente variables. Para este tipo de tareas, recurrir a la automatización puede resultar revolucionario.

Aunque quizá no esté directamente relacionada con el comportamiento principal que has estado construyendo, la automatización puede ser una herramienta fantástica para ayudarte a realizar otros comportamientos y liberar algo de tiempo y energía, que podrás dedicar al cambio de conducta que has estado trabajando.

¿Se te ocurre algún comportamiento que pudiese beneficiarse de la automatización?

A continuación, piensa en tus comportamientos y anota las ideas que tengas para automatizarlos:

Comportamiento	Automatización

ACCIONES ÚNICAS

Cuando se trata de lograr que los comportamientos positivos sean fáciles y que los negativos sean imposibles, todavía podemos dar un paso más. La versión más poderosa de la automatización va más allá de configurar un sistema que funcione en segundo plano: estamos hablando de las acciones únicas que determinan todo el comportamiento futuro.

Aquí encontrarás algunos ejemplos de acciones únicas que valen la pena a largo plazo. Verás que algunas de ellas tienen que ver con desechar o cancelar algo que no utilizas. La acción única de despedirse definitivamente de algo significa que no tendrás que tomar la decisión de no usar algo que no te conviene una y otra vez.

Alimentación	**Felicidad**
▪ Comprar recipientes para que sea fácil llevar comida casera al trabajo. ▪ Comprar un filtro de agua.	▪ Vivir cerca de los amigos y la familia. ▪ Colgar un cuadro que te encante en la pared.
Sueño	**Salud general**
▪ Comprar un antifaz. ▪ Comprar una máquina de ruido blanco. ▪ Colocar el despertador en el extremo opuesto de la habitación para tener que levantarte para apagarlo.	▪ Vacunarte. ▪ Asegurarte de que tu espacio de trabajo es ergonómico. ▪ Apuntarte al gimnasio. ▪ Comprar un filtro de aire para tu casa.
Productividad	**Economía**
▪ Eliminar juegos y aplicaciones de redes sociales del celular. ▪ Pedirle a un amigo que te cambie las contraseñas de las redes sociales para no poder acceder. ▪ Crear un punto de carga del teléfono que no esté a la vista para no distraerte.	▪ Cancelar cualquier suscripción que no utilices. ▪ Comprar una cafetera en lugar de comprar cafés para llevar. ▪ Invertir en un fondo indexado.

¿Se te ocurren otras acciones únicas que puedan beneficiarte? Pueden tener que ver con los hábitos que estás trabajando, pero no es obligatorio.

- ____
- ____
- ____
- ____
- ____
- ____

CONCLUSIÓN: LA TERCERA LEY DEL CAMBIO DE CONDUCTA

Ahora te toca a ti. A partir de lo que has aprendido con los ejercicios, haz una lista de cómo usarás la Tercera Ley del Cambio de Conducta para influir en facilitar la implementación de tus hábitos. Piensa en lo que te ha funcionado y en lo que no, y no dudes en combinar distintos principios de formas nuevas. El objetivo no es que sigas una plantilla, sino que experimentes y descubras qué te funciona.

Hábito: ______________________________

¿Cómo usarás la Tercera Ley para facilitar tu cambio de conducta?

Hábito: ______________________________

¿Cómo usarás la Tercera Ley para facilitar tu cambio de conducta?

Fíjate en lo que has escrito y comprométete a implementar estas estrategias. Serán fundamentales ahora que pasaremos a ver la última ley del cambio de conducta.

HOJA DE REPASO: LA TERCERA LEY DEL CAMBIO DE CONDUCTA

La Tercera Ley del Cambio de Conducta es «hacerlo fácil».
Para construir hábitos, hazlos fáciles.

Principios clave	Ejercicios
Estandariza primero, optimiza después. ▪ Céntrate en la versión factible del hábito y no en la versión ideal. ▪ Empieza poco a poco para que los hábitos te resulten fáciles y refuercen la identidad a la que aspiras. ▪ Empezar es más importante que ser perfecto.	▪ Usa la Regla de los Dos Minutos. ▪ Haz la versión divertida del hábito. ▪ Empieza con una versión pequeña y luego ve escalando el hábito.
Domina los momentos decisivos. ▪ Ciertos momentos del día tienen más impacto que otros.	▪ Domina el momento decisivo. Optimiza las pequeñas decisiones que tienen un gran impacto.
Diseña tu entorno. ▪ Reduce la fricción que afecta a los buenos hábitos.	▪ Diseña tu entorno para que los buenos hábitos sean fáciles de realizar.
Fija tu comportamiento futuro. ▪ Toma decisiones para tu yo del futuro que logren que los buenos comportamientos sean automáticos.	▪ Usa dispositivos que te ayuden a comprometerte con tus hábitos. ▪ Usa la automatización para facilitar los comportamientos positivos. ▪ Usa acciones únicas para que el comportamiento adecuado resulte inevitable.

La Inversión de la Tercera Ley del Cambio de Conducta es «hacerlo difícil».
Para eliminar hábitos, hazlos difíciles.

Principios clave	Ejercicios
Domina los momentos decisivos. ▪ Ciertos momentos del día tienen más impacto que otros.	▪ Domina el momento decisivo. Optimiza las pequeñas decisiones que tienen un gran impacto.
Diseña tu entorno. ▪ Aumenta la fricción que afecta a los malos hábitos.	▪ Diseña tu entorno para que los malos hábitos sean difíciles de realizar.
Fija tu comportamiento futuro. ▪ Toma decisiones para que tu yo del futuro no pueda realizar el mal comportamiento. ▪ Haz que en el futuro tengas que realizar un mayor esfuerzo para tomar la decisión incorrecta.	▪ Usa dispositivos que te ayuden a comprometerte con tus hábitos. ▪ Usa la automatización para que el comportamiento negativo resulte imposible. ▪ Usa acciones únicas para que el comportamiento negativo te resulte imposible.

AVANCES

Las buenas decisiones generan oportunidades.
Los buenos hábitos les sacan el máximo partido.

¿Cómo lo estás llevando hasta ahora?

____

____

____

____

¿Cómo puntuarías tu avance en general?

1 2 3 4 5 6 7 8 9 10

¿Tus hábitos siguen reforzando la identidad que quieres forjar?

____

____

____

____

____

____

¿Qué victoria, por pequeña que sea, has obtenido de tu esfuerzo hasta el momento?

___

___

___

¿Qué te está funcionando? ¿Qué no?

___

___

___

¿Qué obstáculos te están impidiendo avanzar? ¿Qué tienes pensado hacer para superarlos?

___

___

___

¿Qué conclusiones has extraído?

___

___

___

Todo lo grande surge de pequeños comienzos.

La semilla de todo hábito es una única decisión diminuta.

LA CUARTA LEY:
Hacerlo satisfactorio

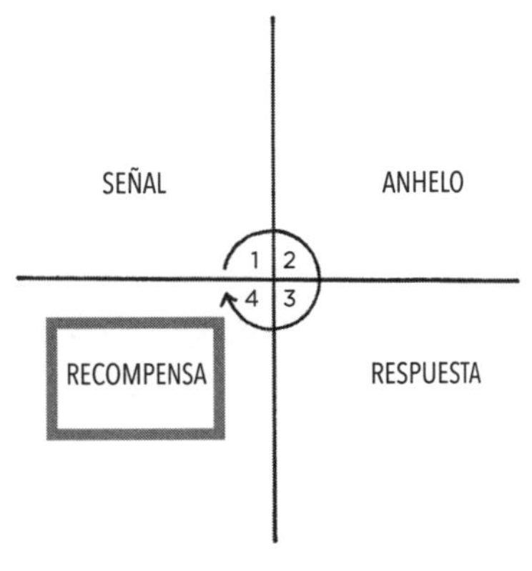

Cuando una señal ha dado pie a un hábito, se ha provocado un anhelo y se ha llevado a cabo la respuesta, el último paso del ciclo de los hábitos es la recompensa, es decir, el resultado que obtenemos tras haber realizado el hábito. En concreto, se trata de cómo nos sentimos al final del comportamiento. Es el placer que genera el sabor de la papa frita o el dolor por haber tocado el fogón encendido, y es la información que nos indica si debemos repetir dicho comportamiento en el futuro. Cuando un comportamiento culmina en un resultado agradable —una recompensa—, aprendemos que merece la pena recordarlo y repetirlo. Y cuando un comportamiento culmina en un resultado negativo —un castigo—, aprendemos que no tiene mucho sentido repetirlo.

Este es el fundamento de la Regla Cardinal del Cambio de Conducta: lo que se recompensa, se repite; lo que se castiga, se evita. Aprendemos qué hacer en el futuro a partir de lo que nos ha proporcionado una recompensa o un castigo en el pasado. Las emociones positivas cultivan los hábitos; las negativas, los destruyen.

Aquí hay una salvedad importante: dado que el cerebro humano está diseñado para la satisfacción instantánea, son las emociones que aparecen inmediatamente después del comportamiento, y no los sentimientos de satisfacción o decepción a largo plazo, las que tienen un mayor impacto. Este aspecto puede parecer fácil de modificar, pero este pequeño factor adicional es lo que explica por qué puede resultar tan complicado implementar este principio. El problema es que, con los buenos hábitos, aunque el resultado a largo plazo sea agradable, el resultado inmediato no suele serlo. En cambio, con los malos hábitos, aunque el resultado a largo plazo sea desagradable, el resultado inmediato suele ser placentero. En otras palabras: pagamos el precio de los buenos hábitos en el presente, mientras que el precio de los malos queda relegado al futuro, y eso es justo lo contrario del incentivo que necesitamos para cambiar nuestra conducta a mejor. Por eso hace falta un poco de creatividad para asegurarnos de que nuestros hábitos positivos cuenten con una recompensa inmediata y que los negativos se castiguen al instante.

La Cuarta Ley del Cambio de Conducta —hacerlo satisfactorio— nos muestra cómo usar este hecho para influir en nuestros hábitos. Para forjar un hábito hay que hacer que sea satisfactorio; para eliminar otro, hay que hacer que sea poco satisfactorio. Si las primeras tres leyes del cambio de conducta se centran en aumentar las probabilidades de que realices un comportamiento esta vez, la cuarta aumenta las probabilidades de que el comportamiento se repita la próxima vez y de que pase de ser una acción puntual a un hábito perfectamente arraigado.

En el resto de este apartado veremos estrategias prácticas para usar la Cuarta Ley y su versión inversa para construir y eliminar hábitos. Cuando realices los ejercicios, puedes usar el hábito o los hábitos que has seleccionado en la primera parte o escoger otros nuevos.

La Cuarta Ley del Cambio de Conducta:
para construir un hábito, hazlo satisfactorio.
La Inversión de la Cuarta Ley del Cambio de Conducta:
para eliminar un hábito, hazlo poco satisfactorio.

REFUERZO

Si los resultados de nuestros buenos hábitos suelen ser poco satisfactorios por naturaleza y los de los malos son satisfactorios también por naturaleza, ¿cómo logramos darle la vuelta a la situación? El truco consiste en emplear estrategias que cambien cómo te hace sentir el hábito, ya que de lo que en realidad estamos hablando es de si el final del comportamiento nos satisface o no.

Para conseguir que el final de los buenos hábitos nos satisfaga, podemos usar la estrategia del refuerzo. El refuerzo es el hecho de vincular el final del comportamiento con una recompensa inmediata; con ello, lo que se logra es que el comportamiento sea satisfactorio, incluso si no contiene una recompensa inmediata integrada por defecto. Por ejemplo, supongamos que estás intentando forjar el hábito de meditar más. El problema es que, cuando se empieza, la meditación resulta difícil y poco satisfactoria. Los beneficios que buscas —la sensación de paz, calma y claridad— no aparecerán hasta que lleves ya bastante tiempo practicando. Tu cometido consiste, pues, en hacer que esos primeros días sí sean satisfactorios. El refuerzo te pide que te recompenses, aunque sea con un pequeño detalle, cada vez que medites.

Hay varias formas de hacerlo. Una consiste en introducir una recompensa económica: cada vez que realizas el hábito, haces una transferencia de cinco euros a tu cuenta de ahorro y obtienes la satisfacción de ver cómo va creciendo. Otras recompensas pueden ser tomarte un té, darte un baño, escuchar una canción que te gusta. Pero ten cuidado, es importante que no te recompenses con un comportamiento que contrarreste la buena conducta en cuestión (por ejemplo: «Si no entro en las redes sociales durante una hora, me recompensaré con un ratito de mirar el celular más tarde»), ya que puede ocurrir que, sin querer, estés recompensando el comportamiento que quieres eliminar.

A continuación, piensa en el hábito que estás trabajando y en algunas formas de usar el refuerzo para recompensar ese buen comportamiento:

Hábito:

____

Ideas de recompensas inmediatas:

____

____

____

____

____

____

Ahora escoge una de las recompensas que has anotado y trata de implementarla durante una semana.

Reflexión pasada una semana: ¿cómo ha ido? ¿Añadir una recompensa ha contribuido a reforzar el hábito? ¿Necesitas cambiar algo acerca de tu recompensa o seleccionar una nueva y volver a intentarlo?

____

____

____

____

____

A continuación, piensa en el hábito que estás trabajando y en algunas formas de usar el refuerzo para recompensar ese buen comportamiento:

Ideas de recompensas inmediatas:

____

Hábito: ______________________________

______________________________ ______________________________

____

____

____

Ahora escoge una de las recompensas que has anotado y trata de implementarla durante una semana.

Reflexión pasada una semana: ¿cómo ha ido? ¿Añadir una recompensa ha contribuido a reforzar el hábito? ¿Necesitas cambiar algo acerca de tu recompensa o seleccionar una nueva y volver a intentarlo?

____

____

____

REFORZAR LOS COMPORTAMIENTOS DE EVITACIÓN

La estrategia del refuerzo puede ser especialmente poderosa cuando se trata de recompensarte por evitar un comportamiento negativo, ya que este tipo de cambio de conducta puede ser muy poco satisfactorio. Por ejemplo, si estás intentando dejar de tomar tanto café fuera de casa, aunque el beneficio a largo plazo es obvio, puede ser difícil formar asociaciones positivas con este comportamiento, ya que el hecho de no pedirte un café es muy decepcionante, puesto que no conlleva ningún tipo de satisfacción inmediata.

En estos casos, la clave es hacer que los beneficios de evitar el mal comportamiento sean visibles y placenteros para que te resulte satisfactorio. Por ejemplo, si estás intentando dejar de entrar en las redes sociales, refuerza la evitación del mal comportamiento escuchando una de tus canciones favoritas cada vez que te resistas al impulso de hacerlo.

A continuación, piensa en el hábito que estás desarrollando y en formas de usar el refuerzo para recompensarte cada vez que evites el mal comportamiento.

Ideas de recompensas inmediatas:

____

Hábito: ______________________________

__________________________ ______________________________

____

____

____

Ahora escoge una de las recompensas que has anotado y trata de implementarla durante una semana.

Reflexión pasada una semana: ¿cómo ha ido? ¿Añadir una recompensa te ha servido para evitar el mal comportamiento? ¿Necesitas cambiar algún aspecto de la recompensa o escoger otra y volver a intentarlo?

____

____

____

____

A continuación, piensa en el hábito que estás desarrollando y en formas de usar el refuerzo para recompensarte cada vez que evites el mal comportamiento.

Ideas de recompensas inmediatas:

____

Hábito: ____________________

____________________ ____________________

____

____

____

Ahora escoge una de las recompensas que has anotado y trata de implementarla durante una semana.

Reflexión pasada una semana: ¿cómo ha ido? ¿Añadir una recompensa te ha servido para evitar el mal comportamiento? ¿Necesitas cambiar algún aspecto de la recompensa o escoger otra y volver a intentarlo?

____

____

____

____

HAZ EL SEGUIMIENTO DE TUS HÁBITOS

Una forma muy poderosa y a la vez muy sencilla de reforzar los hábitos es realizar su seguimiento, o, lo que es lo mismo, hacer que tus avances sean visibles. Avanzar es satisfactorio por naturaleza porque nos demuestra que, aunque quizá no hayamos alcanzado nuestro objetivo todavía, vamos por el buen camino. El problema es que los avances suelen ser invisibles, lo que limita su capacidad de lograr que los veamos como una recompensa. Pero si los visibilizamos, añadiremos un poco de satisfacción a cualquier actividad.

Se puede hacer el seguimiento de los hábitos de muchas formas, pero las mejores son visuales. Tachar cosas de la lista de tareas es una versión que muchos ya empleamos. Otra consiste en crear un contador físico: por ejemplo, podrías introducir una moneda o un clip en un tarro cada vez que lleves a cabo una actividad. Tomar nota de los comportamientos —en un cuaderno de entrenamiento o de lectura, por ejemplo— también puede funcionar. Hay muchas aplicaciones, como los registros de hidratación y los contadores de productividad, que también están diseñadas para dar visibili-

MIDE EL ASPECTO OPORTUNO

No olvides asegurarte de que estás evitando el problema de medir lo que no es oportuno. A menudo queremos forjar hábitos para implementar cambios significativos, pero hacer su seguimiento nos puede llevar a dar prioridad a considerarlos terminados en lugar de ayudarnos a ver si el hábito está teniendo el impacto que queremos. Por ejemplo, si lo que quieres es leer más, quizá te parezca que es una buena idea hacer el seguimiento de cuántos libros lees al año e intentar ampliar la cifra cada año que pasa. No obstante, es fácil que lo que acabe pasando es que des prioridad a libros breves y fáciles que no te aportan demasiado solo para poder alcanzar tu objetivo de lectura. Si bien habrás alcanzado tu objetivo, también es posible que ello despoje al hábito del sentido que esperabas obtener de él cuando empezaste.

Por eso, cuando hagas el seguimiento de tus hábitos, asegúrate de estar midiendo el aspecto adecuado y de que esta estrategia encaja contigo. Quién sabe, quizá no sea para ti.

dad a los avances. Ten en cuenta que se puede recurrir a esta práctica de seguimiento con la misma efectividad tanto para forjar como para eliminar hábitos, ya que puedes hacer el seguimiento de los comportamientos que realizas y de los que consigues evitar.

A continuación, diseña una o dos formas de hacer el seguimiento de tu hábito y que te ayuden a visibilizar tus avances. ¿Cómo sería? ¿Visual o físico? ¿Funcionaría con tecnología o mediante una aplicación? Luego, usa ese sistema para hacer el seguimiento de tu hábito durante una semana.

Hábito: ______________________________

Idea 1	Idea 2

Reflexión pasada una semana: ¿cómo ha ido? ¿Te ha servido hacer el seguimiento del hábito para que resultase más satisfactorio? ¿Te ha ayudado a no dejarlo? ¿Necesitas cambiar algún detalle de tu sistema y volver a intentarlo?

____

____

____

____

A continuación, diseña una o dos formas de hacer el seguimiento de tu hábito y que te ayuden a visibilizar tus avances. ¿Cómo sería? ¿Visual o físico? ¿Funcionaría con tecnología o mediante una aplicación? Luego, usa ese sistema para hacer el seguimiento de tu hábito durante una semana.

Hábito: ______________________________

Idea 1	Idea 2

Reflexión pasada una semana: ¿cómo ha ido? ¿Te ha servido hacer el seguimiento del hábito para que resultase más satisfactorio? ¿Te ha ayudado a no dejarlo? ¿Necesitas cambiar algún detalle de tu sistema y volver a intentarlo?

____

____

____

____

USA UN REGISTRO DE HÁBITOS

El registro de hábitos es una herramienta sencilla que suele consistir en un calendario en el que dejas constancia cada vez que consigues realizar el hábito que estás tratando de forjar o que logras evitar el que estás intentando eliminar. Con el tiempo, podrás observar la frecuencia con la que has realizado el hábito y cuál ha sido tu constancia. Las ganas de no saltarte ningún día son poderosas y te pueden motivar para que hagas lo necesario para no romper una bonita serie de cruces. Aquí tienes un ejemplo de un registro de hábito:

	Lunes	Martes	Miércoles	Jueves	Viernes	Sábado	Domingo
Hilo dental	X	X	X	X	X	X	X
Meditar				X	X	X	X

Eso sí, ten cuidado con la mentalidad del todo o nada. Es fácil que el deseo de no querer fallar nunca dé pie a que abandones el hábito por completo en cuanto interrumpas una buena racha. Es un problema real, porque a veces no podrás evitar saltarte el hábito: te irás de vacaciones, habrás tenido un día muy duro, tendrás mil cosas por hacer... Estas cosas pasan. El problema no es que te saltes un día, sino pensar que, si no lo haces a la perfección, no vale la pena molestarse. Para que el perfeccionismo no te lleve por el mal camino, aplica este mantra: «No te lo saltes dos veces».

EL REGISTRO PARA NO SALTÁRTELO DOS VECES

Para hacer un registro de hábito que se centre en que no te lo saltes dos veces, usa dos bolígrafos de colores distintos para llenarlo. Pon un punto verde en los días que lo realices y uno rojo en los días que no. Ver el punto rojo será una señal visual muy poderosa para no volver a saltártelo, y el objetivo será que nunca haya dos puntos rojos seguidos.

El primer error nunca es el que hace que abandones, y por eso no deberías tratarlo como tal. Lo importante es que, cuando cometas un error, corrijas el rumbo y vuelvas al buen camino para que saltarte el hábito no se convierta en un nuevo hábito. Por eso, los días en que no realizas el hábito a rajatabla pueden ser los más importantes. Incluso hacer un «mal» entrenamiento, leer diez páginas en lugar de veinte o practicar con la guitarra apenas cinco minutos, te ayuda a mantener el hábito, de modo que estás reforzándolo para no perder el ritmo.

Una de las cosas buenas de estos registros es que puedes usarlos para varias cosas. Por ejemplo, si estás tratando de mirar menos las redes sociales y sospechas que el tiempo que les dedicas puede estar relacionado con tus niveles de ansiedad, podrías hacer el seguimiento tanto de si realizas el hábito como de tu nivel de ansiedad durante el día, y así obtendrías información adicional.

En el apartado de «Caja de herramientas» que hay al final de este libro en la página 304, encontrarás un registro de hábitos que podrás usar para los hábitos que estás desarrollando.

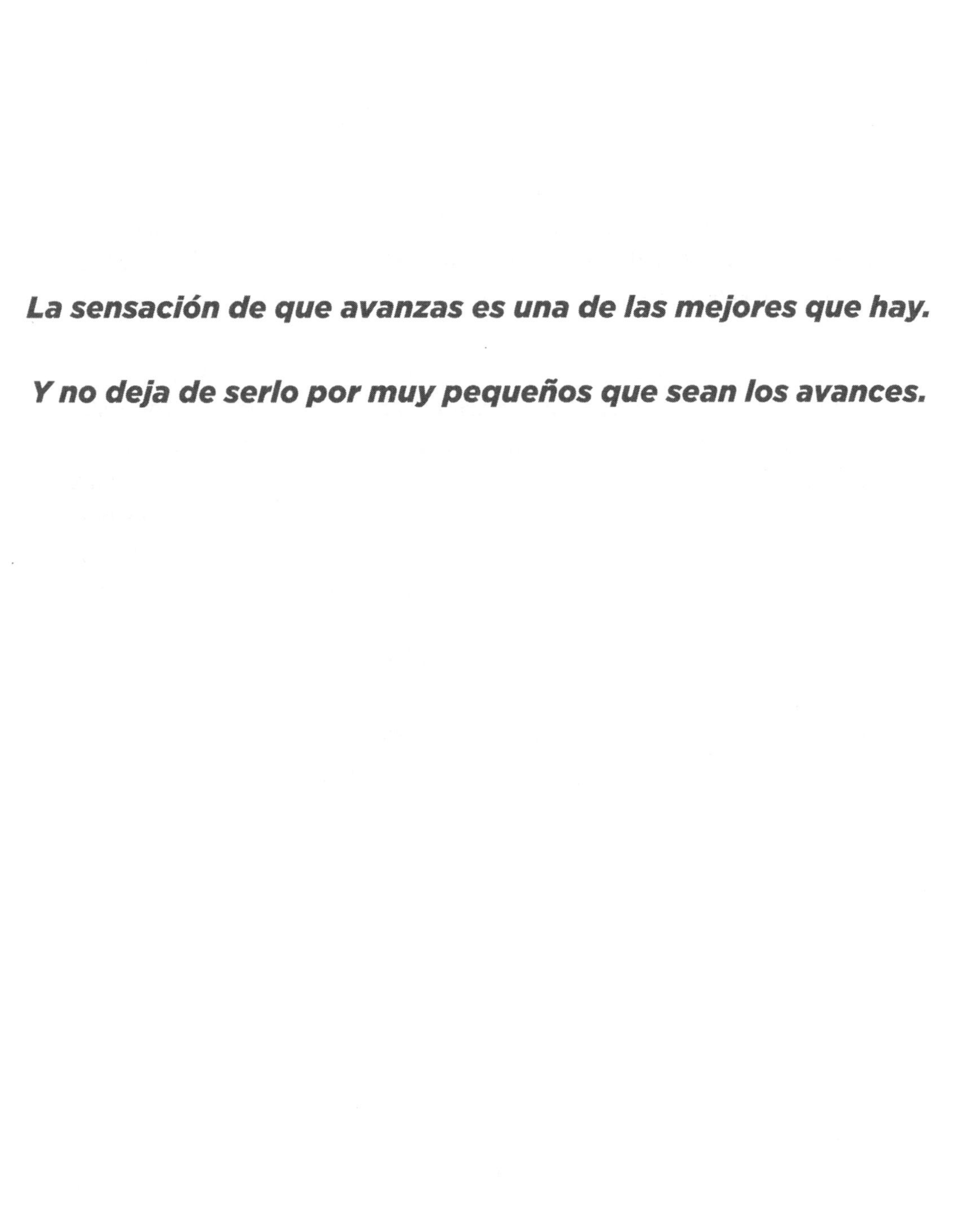

La sensación de que avanzas es una de las mejores que hay.

Y no deja de serlo por muy pequeños que sean los avances.

SOCIOS CORRESPONSABLES

Si es posible añadir una pequeña recompensa al final de tus hábitos para que sean más satisfactorios, también se puede hacer lo contrario. Si añades un pequeño castigo al final de los hábitos que estás intentando eliminar, podrás hacer que resulten menos satisfactorios, reduciendo así las posibilidades de que los repitas.

Una forma de hacerlo es buscar un socio corresponsable al que acudir para contarle tus avances. Si no realizas el hábito que te habías propuesto, tendrás que decírselo cuando hablen. Y también si has tenido un desliz y has hecho algo que dijiste que no harías. Los socios corresponsables nos ayudan a lograr que los comportamientos negativos sean menos satisfactorios porque introducen la presión social en la ecuación. Los humanos somos animales sociales, y saber que hay alguien observándonos puede ser un elemento motivador muy poderoso cuando se trata de mantener un comportamiento.

Un socio corresponsable puede ser simplemente alguien a quien le cuentas tu comportamiento o alguien que también está intentando adoptar la misma conducta. En este último caso, actuarán como socios corresponsables de forma mutua y la motivación será recíproca. Este tipo de asociación de responsabilidad también puede ser muy útil porque crea un sistema de apoyo integrado, ya que te proporciona a alguien con quien puedes comentar tu proyecto y sus dificultades.

A continuación, piensa en quiénes podrían ser tus socios corresponsables y cómo podrían colaborar. Luego, elige a uno y prueba con él durante unas semanas.

Hábito: ____

Socio corresponsable	Cómo colaborarán

Reflexión pasada una semana: ¿cómo es tener un socio corresponsable? ¿Te está ayudando a mantener el rumbo? ¿Necesitas ajustar algún aspecto de esta colaboración?

____

____

____

____

A continuación, piensa en quiénes podrían ser tus socios corresponsables y cómo podrían colaborar. Luego, elige a uno y prueba con él durante unas semanas.

Hábito: ______________________________

Socio corresponsable	Cómo colaborarán

Reflexión pasada una semana: ¿cómo es tener un socio corresponsable? ¿Te está ayudando a mantener el rumbo? ¿Necesitas ajustar algún aspecto de esta colaboración?

____

____

____

____

EL CONTRATO DE HÁBITOS

Otra forma de vincular una penalización a un comportamiento negativo para que resulte menos atractivo es crear un contrato de hábitos. Igual que los contratos hacen que te atengas a ciertas reglas bajo la amenaza de emprender acciones legales, un contrato de hábitos es un acuerdo que te obliga a un comportamiento en concreto. En lugar de acciones legales, el contrato de hábitos estipula qué castigo tendrá lugar si no mantienes tu comportamiento. Por ejemplo, si estás intentando beber más agua, un contrato de hábitos podría establecer que, por cada día que no llegues a tu objetivo, le pagarás a un amigo cinco euros. O si estás intentando dejar de pedir tanta comida a domicilio, el contrato de hábitos podría disponer que, cada vez que lo hagas, no podrás jugar a videojuegos durante una semana.

El contrato de hábitos lo puedes estipular contigo mismo, pero para que sea aún más eficaz, es importante incorporar un socio corresponsable que también lo firme. De esta forma, en caso de no respetar el contrato no solo recibirás el castigo fijado, sino que también estarás expuesto a la presión social que implica la figura del socio corresponsable.

El propósito del contrato de hábitos es lograr que las consecuencias del comportamiento negativo sean un poco más desagradables en el momento y de esta forma dicho comportamiento sea menos deseable. Puedes recurrir a esta estrategia para castigarte por realizar un hábito negativo y también cuando te saltas un hábito positivo. Así pues, puede ser una herramienta muy útil tanto para forjar como para eliminar hábitos.

Para crear tu propio contrato de hábitos, llena la plantilla siguiente pensando en el hábito en el que estás trabajando.

Contrato de hábitos

¿Cuál es tu objetivo principal?

____

Si no lo cumples, ¿qué consecuencia habrá?

____

¿A quién informarás?

____

Tu firma	Fecha
____________________	____________________
Firma del socio corresponsable	Fecha
____________________	____________________

Contrato de hábitos

¿Cuál es tu objetivo principal?

____

Si no lo cumples, ¿qué consecuencia habrá?

____

¿A quién informarás?

____

Tu firma	Fecha
____________________	____________________
Firma del socio corresponsable	Fecha
____________________	____________________

CONCLUSIÓN: LA CUARTA LEY DEL CAMBIO DE CONDUCTA

Ahora te toca a ti. A partir de lo que has aprendido con los ejercicios, haz una lista de cómo usarás la Cuarta Ley del Cambio de Conducta para influir en el carácter más o menos satisfactorio de tus hábitos. Piensa en lo que te ha funcionado y en lo que no, y no dudes en combinar distintos principios de formas nuevas. El objetivo no es que sigas una plantilla, sino que experimentes y descubras qué te funciona.

Hábito: ______________________________

¿Cómo usarás la Cuarta Ley para facilitar tu cambio de conducta?

Hábito: ______________________________

¿Cómo usarás la Cuarta Ley para facilitar tu cambio de conducta?

Fíjate en lo que has escrito y comprométete a implementar estas estrategias. Ahora ya cuentas con todas las herramientas necesarias para mantener el hábito.

HOJA DE REPASO: LA CUARTA LEY DEL CAMBIO DE CONDUCTA

La Cuarta Ley del Cambio de Conducta es «hacerlo satisfactorio». Para construir hábitos, hazlos satisfactorios.

Principios clave	Ejercicios
El precio de los buenos comportamientos se paga en el presente, y las recompensas llegan en el futuro.	▪ Añade recompensas inmediatas para el buen comportamiento para que resulte más placentero en el momento.
Haz que realizar el buen comportamiento y evitar el malo resulte satisfactorio.	▪ Usa el refuerzo para añadir recompensas inmediatas en el momento de terminar el buen comportamiento o de evitar el malo. ▪ Haz el seguimiento de tus hábitos para que los avances resulten satisfactorios.
Nunca te lo saltes dos veces. ▪ Evita que el perfeccionismo del enfoque del «todo o nada» te desvíe del camino.	▪ Usa un registro para no saltártelo nunca dos veces. ▪ Prueba el mantra de «No te lo saltes dos veces», en lugar de obsesionarte con no romper la racha que llevas.

La Inversión de la Cuarta Ley del Cambio de Conducta es «hacerlo poco satisfactorio». Para eliminar hábitos, hazlos poco satisfactorios.

Principios clave	Ejercicios
El precio de los malos comportamientos se paga en el futuro, y las recompensas se obtienen en el presente.	▪ Añade castigos inmediatos para el mal comportamiento para que resulte menos deseable en el momento.
Haz que el mal comportamiento resulte poco satisfactorio.	▪ Añade un castigo inmediato en el momento de terminar el mal comportamiento. ▪ Busca un socio corresponsable para que el mal comportamiento te genere malestar social. ▪ Crea un contrato de hábitos para que el coste por realizar el comportamiento negativo resulte molesto de inmediato.

AVANCES

Haz una cosa bien y observa cómo se va acumulando.

¿Cómo lo estás llevando hasta ahora?

¿Cómo puntuarías tu avance en general?

1 2 3 4 5 6 7 8 9 10

¿Tus hábitos siguen reforzando la identidad que quieres forjar?

¿Qué victoria, por pequeña que sea, has obtenido de tu esfuerzo hasta el momento?

___

___

___

¿Qué te está funcionando? ¿Qué no?

___

___

___

¿Qué obstáculos te están impidiendo avanzar? ¿Qué tienes pensado hacer para superarlos?

___

___

___

¿Qué conclusiones has extraído?

___

___

___

Si no dejas de intentarlo, es casi seguro que lo conseguirás, aunque probablemente no de la forma que esperabas o querías. Necesitas la persistencia suficiente para seguir esforzándote y la flexibilidad suficiente para disfrutar del éxito cuando llegue de un modo distinto al que imaginabas.

TERCERA PARTE

Convivir con los hábitos

Cómo desarrollar una mentalidad para mantener el éxito a largo plazo

Queremos soluciones, pero lo que de verdad necesitamos es actitud.

No necesitas que tu vida sea más fácil, sino una actitud que se caracterice por la perseverancia. La perseverancia precede al resultado.

LA MENTALIDAD QUE HARÁ QUE LOS HÁBITOS PERDUREN

Empezamos este proceso hablando de la mejora continua y de la idea de que el camino hacia los objetivos pasa por cambios progresivos constantes, es decir, por mejorar un 1 % cada día. Y ahora, en la conclusión de este libro, después de haber visto las estrategias que nos ayudarán a que este cambio ocurra, quiero retomar ese principio. Solo que esta vez lo que quiero destacar concretamente es que, cuando se trata de acumular, la potencia depende del tiempo. Un crecimiento de un 1 % se acumulará y dará lugar a un cambio enorme, pero solo si le das el tiempo necesario. Mejorar un 1 % cada día durante unas semanas no producirá un resultado significativo; eso solo pasará si lo haces a largo plazo.

En otras palabras: un hábito que no se pone en práctica no se puede acumular. Por eso, la última habilidad fundamental que queda por desarrollar es la capacidad de poner en práctica los hábitos durante el máximo de tiempo posible. Cuanto más tiempo consigas mantenerlo, más poderoso se volverá.

El problema es que mantener un cambio de conducta puede resultar sumamente difícil. A todos nos ha pasado que hemos desarrollado un nuevo hábito que ha quedado en agua de borrajas tan pronto como las circunstancias han cambiado o al primer fallo.

Así las cosas, ¿cómo se consigue que un cambio de conducta se mantenga a largo plazo, incluso cuando las cosas se ponen difíciles? La respuesta está en adoptar una mentalidad que te ayude a lidiar con los obstáculos para que tus hábitos sean resilientes ante cualquier reto que la vida te plantee.

En este último apartado veremos los cinco pilares de una mentalidad resiliente y cómo su adopción te puede ayudar a superar algunos de los obstáculos más habituales.

PRIORIZA LA ACCIÓN SOBRE LA PERFECCIÓN

Una de las mayores dificultades a la hora de conseguir que el cambio de conducta se mantenga a largo plazo es aceptar lo importante que es asumir la imperfección, sobre todo al principio. Suena ilógico, porque la razón de ser del cambio de conducta es hacer las cosas mejor, ¿no? Si empiezas con mal pie al poner en práctica tus nuevos hábitos, ¿no corres el riesgo de desarrollar un mal comportamiento?

Lo que estas preguntas olvidan es que el perfeccionismo es la crónica de la muerte anunciada del cambio de conducta. Si esperas a realizar el hábito hasta que seas capaz de hacerlo a la perfección, no empezarás nunca. E incluso si empiezas, si esperas a que lleguen el día y las circunstancias perfectos, es muy poco probable que consigas repetirlo las veces suficientes para que quede bien arraigado. Nuestra vida es demasiado impredecible e imperfecta como para andar esperando a que llegue el momento ideal, y esta forma de pensar solo conduce a la procrastinación.

Por eso una de las habilidades más importantes consiste en aprender a empezar. Aunque no consigas correr un kilómetro entero, un paso en la dirección correcta siempre te llevará más lejos que quedarte quieto.

Un inicio imperfecto siempre se puede mejorar, pero obsesionarte con tener un plan perfecto no te llevará a ningún sitio.

Algo que te puede ayudar es recordar que casi nunca tendrás que realizar la versión perfecta de un hábito para que tenga un efecto positivo. No subestimes el valor de poner un hábito en práctica, aunque sea durante cinco minutos. Cinco minutos de flexiones constituyen un entrenamiento decente; cinco minutos de conversación pueden restablecer una amistad; cinco minutos de meditación pueden cambiarte el estado de ánimo; cinco minutos escribiendo pueden aclarar una idea. A la larga, esos cinco minutos se van sumando y, pasado un año, siempre estarás más contento de haber perseverado con esos cinco minutos de forma constante que si no hubieses hecho nada. Puede que escribir durante tres horas cada mañana sea un hábito ideal, pero si escribes cinco minutos al día, al cabo de un año tendrás casi todo un manuscrito listo. La única forma de no avanzar es posponer el momento de empezar hasta que esa mañana perfecta de tres horas aparezca. Puede que nunca lo haga; no dejes que eso te detenga. Por eso estos días imperfectos —los «malos entrenamientos», las «sesiones breves»— pueden ser los más importantes. Son los que de verdad hacen que vayas por el buen camino.

Preguntas de reflexión

La motivación suele surgir después de empezar, no antes. Las acciones generan impulso. ¿En qué necesitas pasar a la acción?

____

____

____

____

____

Si estás posponiendo empezar algo, ¿de verdad necesitas seguir planificándote o sencillamente se trata de ponerte en marcha?

____

____

____

____

____

____

____

____

¿Qué estás posponiendo por miedo a no estar preparado o a que no sea perfecto? ¿Qué te ayudará a dar el primer paso?

____

____

____

____

____

____

¿Qué te gustaría haber empezado ya? ¿Cómo puedes empezar a hacerlo hoy?

____

____

____

____

____

____

PIENSA A LARGO PLAZO

A pesar de saber que deberías planificar las cosas por adelantado y no esperar resultados rápidos, puede ser difícil aceptar las implicaciones de pensar a largo plazo. Asumimos que no veremos cambios en unas semanas, pero nos desanimamos cuando han pasado seis meses y todavía no hemos alcanzado nuestros objetivos. Nos marcamos objetivos futuros, pero solo pensamos a cinco años vista y no a diez. El problema es que es en el futuro lejano donde están todas las recompensas, donde la acumulación se traduce de verdad en resultados.

Proponte estar genial en diez años. Construye hábitos saludables hoy que te lleven a tener un cuerpo estupendo dentro de diez años. Desarrolla hábitos sociales hoy que te lleven a tener relaciones increíbles dentro de diez años. Forja hábitos de aprendizaje hoy que te lleven a tener grandes conocimientos dentro de diez años. Pensar a largo plazo es un arma secreta.

Y dado que muy pocas personas piensan de esta forma, el futuro lejano también es una ventaja competitiva. La mayoría persevera en sus planes durante unos meses, pero si consigues seguirlos durante varios años, estarás muy por delante del resto. La mayoría de la gente hace planes a tres años vista, pero si eres capaz de crear un plan de diez años, conseguirás mucho más. Eso sí, el pensamiento a largo plazo solo funciona si lo combinas con acciones a corto plazo. Planificar para el futuro no sirve de nada si lo único que haces es esperar. Piensa a largo plazo, pero no te demores. Pon en práctica acciones diarias y consistentes que conduzcan a resultados a largo plazo.

La paciencia es una ventaja competitiva. En más ámbitos de los que imaginas, podrás alcanzar el éxito si estás dispuesto a actuar de forma sensata durante más tiempo que la mayoría.

Preguntas de reflexión

¿Qué puedes hacer en la próxima hora que te ayude a avanzar hacia el punto en el que quieres estar dentro de diez años?

¿Dónde quieres estar en cinco años? ¿Y en diez? ¿Y en veinte? ¿Cuando eches la vista atrás al final de tu vida?

¿Cuándo te cuesta más pensar a largo plazo? ¿Qué puedes hacer para pensar en tu plan general en esos momentos?

NO PIERDAS LA CONCENTRACIÓN

En todo proyecto llega un momento en el que la motivación empieza a desvanecerse. La emoción de la fase inicial se apaga, el objetivo final sigue muy lejos y sientes que tu entusiasmo se estanca. En ese momento, lo más fácil del mundo es dejarse vencer por esa pérdida de motivación, y eso es justo lo que ocurre casi siempre. La clave para seguir avanzando y luchar contra el estancamiento consiste en mantener la concentración.

Aunque pueda sonar muy obvio, sorprende lo fácil que es perder de vista la idea general de lo que estás intentando alcanzar. Tener claro hacia dónde vas y para qué te estás optimizando te puede ayudar a seguir el camino que te has marcado y no desviarte del plan, incluso cuando se te hace cuesta arriba. Recuerda siempre qué quieres conseguir y por qué. Si cuentas con un sentido del propósito sólido, podrás superar el estancamiento, por duro que sea.

La concentración también te da ventaja en un mundo lleno de distracciones. Contamos con un tiempo limitado, y dejar que nuestra atención se centre en demasiados ámbitos solo logra diluir nuestra habilidad de alcanzar grandes cosas. Por eso, antes de que intentes trabajar más, acostarte más tarde y abarcar demasiado, prueba a parar un momento para concentrarte.

Antes de invertir más tiempo en un problema, invierte más concentración. Puede que lo que necesites no sea más tiempo, sino menos distracciones. No pienses en qué puedes añadir; piensa en qué puedes eliminar.

El tiempo es tu recurso más valioso, y todo lo que puedas eliminar te devolverá algo de poder. Cuando dices «no», solo estás diciendo «no» a una opción. Cuando dices «sí», dices «no» a todas las demás opciones. El «no» es una decisión; el «sí» es una responsabilidad. Di «no» a los compromisos y reduce las tareas innecesarias: usa tu energía de forma sensata.

Preguntas de reflexión

¿Cómo reconectas con tu «porqué» cuando, como es de esperar, la motivación decae?

____

____

____

____

____

¿Se te ocurre algo que te parezca productivo en el momento, pero que termine siendo una pérdida de tiempo y energía?

____

____

____

____

____

____

____

¿Qué te está quitando demasiada energía? ¿A qué te gustaría poder decir «no» ahora mismo?

El impulso es un arma de doble filo; te puede empujar hasta lugares a los que no habías llegado nunca o dejarte estancado en las decisiones previas y los hábitos de siempre. ¿En qué aspecto sientes que tienes un impulso sano en estos momentos? ¿En qué tienes un impulso perjudicial?

TEN UN PLAN PARA CUANDO FALLES Y RECUPÉRATE RÁPIDO

También es inevitable que de vez en cuando surjan contratiempos. No alcanzarás tu objetivo, te enfrentarás a un obstáculo que parece imposible de superar, cometerás errores y te sentirás muy lejos del camino que querías seguir. En esos momentos, puede parecer que el proyecto ha finalizado, que no hay vuelta atrás, que lo único que puedes hacer es darte por vencido. Y cuando pase, ¿cómo se sigue avanzando? ¿Cómo te vuelves a poner en pie y no dejas que el obstáculo te venza?

La respuesta está en aprender a recuperarse pronto. Los errores son momentos de aprendizaje, no juicios finales. Es muy importante recordar que el éxito no consiste en evitar cometer errores, sino en cómo se actúa ante ellos. De hecho, fracasar es una parte fundamental del proceso. Si no fracasas, es que no estás apuntando lo suficientemente alto. Deja que tus errores te enseñen, pero no dejes que te detengan.

El secreto para ganar es aprender a perder. Es decir, aprender a recuperarte del fracaso y de la decepción, no perder las ganas y seguir avanzando con paso firme hacia tu potencial. Tu forma de reaccionar ante el fallo determina tu capacidad de alcanzar el éxito.

El auténtico problema no son los contratiempos, sino la forma en que nos podemos juzgar a nosotros mismos a consecuencia de ellos. Ese es el verdadero peligro, ya que la autocrítica y la pérdida de seguridad en uno mismo son más dañinas para el proceso que lo que podría llegar a serlo cualquier fracaso. Si dejas de creer en ti mismo, estarás sumando otro obstáculo que tendrás que superar para alcanzar tus objetivos. Por eso, cuando falles, resiste ante las reflexiones negativas, date un poco de margen y recuerda que tu valía no va ligada al éxito de tu proyecto. Perdónate, levántate enseguida y vuelve a intentarlo.

¿Has cometido un error?
Suelta la culpa; quédate con la lección.

Y, siempre que puedas, incluye la planificación del fracaso en tu proceso. Cuanto mejor preveas los obstáculos, más te asegurarás de que no te tomen por sorpresa cuando surjan. Planificar te permitirá reaccionar de forma rápida a los obstáculos de la mejor manera que puedas y quizá te ayude incluso a evitarlos. Corrige tus errores antes de que se conviertan en hábitos.

No esperes nunca el fracaso, pero prepara siempre un plan ante esa posibilidad. La forma más rápida de volver al camino es disponer de un plan para cuando te salgas.

Preguntas de reflexión

¿Cuál es la causa más probable del fracaso? ¿Cómo puedes evitarlo antes de que ocurra? Y si ocurre, ¿cómo te podrás recuperar?

¿Cómo reaccionas actualmente cuando te saltas un día o te surge un contratiempo? ¿Cómo podrías reaccionar de una forma más productiva?

¿Cómo distingues entre un desliz temporal y abandonar por completo?

ADÁPTATE Y SÉ FLEXIBLE

Hemos hablado mucho sobre pensar a largo plazo y hacer planes. Pero los planes tienen un problema: no siempre funcionan. ¿Cuántas veces has elaborado un plan meticuloso asegurándote de que tiene en cuenta cualquier imprevisto posible, que contempla los cambios y los obstáculos, pero que se ha ido al traste cuando ha surgido una dificultad que no esperabas? Por mucho que nos guste pensar que podemos prepararnos para cualquier cosa que nos depare el futuro, la vida es impredecible y hacer planes precisos es increíblemente difícil.

En esos momentos de cambios inesperados, lo que más importa es cómo reacciones. Puedes quedarte encallado en el pasado, deseando que las cosas fuesen de otra forma, o puedes aceptar tu nueva realidad y adaptarte a ella. En esos momentos, tu poder reside en tu capacidad de ser flexible y adaptarte, no en lo incansable que puedas llegar a ser. En lugar de esforzarte el doble para llevar a cabo un plan que no está funcionando, acepta la situación e implementa los cambios necesarios para avanzar. Los cambios son inevitables, y si te resistes a ellos, solo conseguirás malgastar energía.

Esto también es una salvedad importante que hay que tener en cuenta cuando hablamos sobre constancia y sobre asegurarnos de que los hábitos se vayan acumulando a largo plazo. En teoría, la constancia tiene que ver con ser disciplinado, resuelto e implacable. En la práctica, la constancia es la capacidad de saber adaptarse. ¿No tienes mucho tiempo? Escálalo. ¿No tienes mucha energía? Haz la versión fácil. Encuentra formas distintas de seguir con el plan según tus circunstancias. Deja que tus hábitos cambien de forma para que se adapten a las exigencias del día y de la etapa de tu vida en la que te encuentres. Cuando tengas que implementar cambios, ello no significará que tú y tus hábitos hayáis fracasado; solo significará que estás creciendo y que tus hábitos también deben hacerlo.

> *La mejor forma de prepararse no consiste en diseñar un plan para una situación concreta, sino en disponer de una mentalidad capaz de lidiar con la incertidumbre.*

Preguntas de reflexión

¿Recuerdas alguna vez en que tuvieses que ser flexible y adaptarte? ¿Cuál fue el resultado?

____

____

____

____

____

____

¿Qué hábito que te funcionaba bien antes debe cambiar para adaptarse a tu vida tal como es ahora?

____

____

____

____

____

____

¿En qué ámbitos te cuesta más ser flexible? ¿Qué puedes hacer para cambiarlo?

REVISIÓN CONTINUA

Una de las mejores formas de asegurarte de que estás desarrollando una mentalidad capaz de adaptarse y resiliente ante cualquier reto que te surja en la vida es implementar un proceso de reflexión.

Para ello, trata de implementar un proceso de revisión frecuente. No solo te ayudará a ver cómo te está yendo y a hacer los cambios necesarios, sino que también te permitirá ganar perspectiva y observar avances de los que quizá no fueses consciente. A continuación encontrarás un proceso sencillo de revisión semestral que utilizo como guía.

Revisión de final de año

1. Haz un repaso de los avances que has hecho en relación con tus hábitos:

____

____

____

____

____

____

____

____

____

2. Reflexiona sobre tus avances:

   a. ¿Qué te ha ido bien este año?

   b. ¿Qué no te ha ido tan bien?

c. ¿Qué has aprendido?

____

____

____

____

____

____

Informe de integridad de mitad de año

1. ¿Qué valores principales impulsan tu vida y tu trabajo?

____

____

____

____

____

____

____

2. ¿Qué estás haciendo para vivir y trabajar de forma íntegra en estos momentos?

3. ¿Qué puedes hacer para subir el listón en el futuro?

Gana lo suficiente como para seguir avanzando.

Pierde lo suficiente como para seguir aprendiendo.

Caja de herramientas

Tu primera tarea consiste en encontrar qué te requiere el mínimo esfuerzo. La segunda, en dedicarle el máximo esfuerzo.

Selección de hábitos

LAS IDEAS MÁS PODEROSAS EN UNA SOLA PÁGINA

Mejora un 1 % cada día: el éxito es el resultado de los hábitos diarios, no de transformaciones radicales. Céntrate en mejorar un 1 % cada día, y cuando haya pasado un año, serás 37 veces mejor gracias al efecto de la acumulación.

Empieza por la identidad: es más fácil realizar los comportamientos que se alinean con tu identidad. Céntrate en quién quieres ser, no en lo que quieres conseguir, y los comportamientos se darán de forma natural.

Céntrate en los sistemas, no en los objetivos: los objetivos están bien para marcar el rumbo, pero para llegar al destino final necesitas tener sistemas. Céntrate en crear el sistema adecuado y verás cómo te lleva a tu objetivo.

SEÑAL → ANHELO → RESPUESTA → RECOMPENSA

Para construir hábitos

Primera Ley *Hacerlo obvio*	Segunda Ley *Hacerlo atractivo*	Tercera Ley *Hacerlo fácil*	Cuarta Ley *Hacerlo satisfactorio*
▪ Usa la acumulación de hábitos. ▪ Diseña el entorno para que las señales sean más obvias.	▪ Usa la acumulación de tentaciones. ▪ Rediseña tu entorno social para que propicie tus hábitos.	▪ Usa la Regla de los Dos Minutos. ▪ Prueba la versión divertida del hábito. ▪ Diseña tu entorno para reducir la fricción. ▪ Domina los momentos decisivos. ▪ Usa dispositivos que te ayuden a mantener el compromiso.	▪ Usa el refuerzo. ▪ Haz el seguimiento de tus hábitos.

Para eliminar hábitos

Inversión de la Primera Ley *Hacerlo invisible*	Inversión de la Segunda Ley *Hacerlo poco atractivo*	Inversión de la Tercera Ley *Hacerlo difícil*	Inversión de la Cuarta Ley *Hacerlo poco satisfactorio*
▪ Identifica las señales para eliminarlas. ▪ Rediseña tu entorno físico para reducir las señales.	▪ Identifica los anhelos para eliminarlos. ▪ Encuentra formas mejores de abordar los anhelos. ▪ Diseña tu entorno social para que propicie tus hábitos. ▪ Cambia de perspectiva.	▪ Diseña tu entorno para aumentar la fricción. ▪ Domina los momentos decisivos. ▪ Usa dispositivos que te ayuden a mantener el compromiso.	▪ Busca un socio corresponsable. ▪ Crea un contrato de hábitos.

Supera los obstáculos con la mentalidad adecuada

- Prioriza la acción sobre la perfección.
- Piensa a largo plazo.
- Mantén la concentración.
- Ten un plan para cuando fracases y recupérate pronto.
- Adáptate y sé flexible.
- Revisa y haz cambios.

Ficha rápida para construir hábitos

FORJA UN HÁBITO EN UNA PÁGINA

Hábito que quieres construir:

____

Identidad que refuerza este hábito:

____

CONFIRMA QUE TE ESTÁS CENTRANDO EN UN SISTEMA Y NO EN UN OBJETIVO ❑

Formas de hacer que el hábito sea obvio	**Formas de hacer que el hábito sea atractivo**

Formas de hacer que el hábito sea fácil	**Formas de hacer que el hábito sea satisfactorio**

PREPÁRATE PARA LOS CONTRATIEMPOS

Posibles obstáculos	**Planes para superarlos**

Ficha rápida para eliminar hábitos

ROMPE UN HÁBITO EN UNA PÁGINA

Hábito que quieres eliminar:

___

Identidad que refuerza la eliminación del hábito:

___

CONFIRMA QUE TE ESTÁS CENTRANDO EN UN SISTEMA Y NO EN UN OBJETIVO ❑

Formas de hacer que el hábito sea invisible	Formas de hacer que el hábito sea poco atractivo

Formas de hacer que el hábito sea difícil	Formas de hacer que el hábito no sea satisfactorio

PREPÁRATE PARA LOS CONTRATIEMPOS

Posibles obstáculos	Planes para superarlos

Hoja de repaso: cómo forjar buenos hábitos

PRINCIPIOS CLAVE	EJERCICIOS
La Primera Ley del Cambio de Conducta es ***hacerlo obvio****.* *Para construir hábitos, hazlos obvios.*	
Diseña señales poderosas y obvias. ■ Construye señales que desencadenen nuevos hábitos. Cuanto más obvia sea la señal, más probable será que desencadene el hábito. ■ Usa los cinco tipos de señales: momento, lugar, acontecimientos previos, estados emocionales, otras personas. ■ Opta por señales específicas y que puedas poner en práctica de inmediato.	■ Usa la implementación de intenciones: «Haré [CONDUCTA] a [TIEMPO] en [LUGAR]». ■ Usa la acumulación de hábitos: «Antes/Después de [HÁBITO ACTUAL], haré [NUEVO HÁBITO]». ○ Usa acumulaciones individuales, acumulaciones de rutinas y acumulaciones más amplias. ■ Señalar y verbalizar hace que los hábitos resulten obvios.
Diseña tu entorno. ■ El comportamiento resulta del entorno. ■ Diseña tu entorno para que tus señales sean lo más obvias posible. ○ Las señales pueden usar cualquier sentido, pero las visuales son las más poderosas. ○ Introduce varias señales en tu entorno. ■ Puede ser más fácil empezar un nuevo hábito en un espacio nuevo. ■ Un espacio, un uso.	■ Rediseña tu entorno de forma que las señales de los buenos hábitos sean obvias y visibles. ■ Escoge un nuevo espacio en el que realizar tu nuevo hábito. ■ Delimita un espacio dentro de tu entorno actual.
La Segunda Ley del Cambio de Conducta es ***hacerlo atractivo****.* *Para construir hábitos, hazlos poco atractivos.*	
Crea anhelos. ■ Los hábitos resultan atractivos cuando los asociamos con sentimientos positivos. ■ Los nuevos hábitos todavía no están asociados con sentimientos positivos, así que tenemos que convertirlos en algo que anhelemos.	■ Usa la acumulación de tentaciones. Combina la acción que tienes que hacer con una acción que quieras hacer. ■ Haz que tus hábitos sean divertidos. ■ Crea un ritual de motivación. ■ Cambia tu mentalidad. Pon énfasis en los beneficios de seguir tus buenos hábitos.
Diseño del entorno social. ■ El entorno social —los grupos a los que pertenecemos y las relaciones que mantenemos— es lo que más determina si nuestros hábitos nos resultan atractivos o no.	■ Diseña tu entorno social de forma que respalde tus cambios de hábitos. ■ Únete a una cultura en la que el comportamiento al que aspiras sea la norma.

PRINCIPIOS CLAVE	EJERCICIOS
La Tercera Ley del Cambio de Conducta es ***hacerlo fácil****.* *Para crear hábitos, hazlos fáciles.*	
Estandariza primero, optimiza después. ▪ Céntrate en la versión factible del hábito y no en la versión ideal. ▪ Empieza poco a poco para que los hábitos te resulten fáciles y refuercen la identidad a la que aspiras. ▪ Empezar es más importante que ser perfecto.	▪ Usa la Regla de los Dos Minutos. ▪ Haz la versión divertida del hábito. ▪ Empieza con una versión pequeña y luego ve escalando el hábito.
Domina los momentos decisivos. ▪ Ciertos momentos del día tienen más impacto que otros.	▪ Domina el momento decisivo. Optimiza las pequeñas decisiones que tienen un gran impacto.
Diseña tu entorno. ▪ Reduce la fricción que afecta a los buenos hábitos.	▪ Diseña tu entorno para que los buenos hábitos sean fáciles de realizar.
Fija tu comportamiento futuro. ▪ Toma decisiones para tu yo del futuro que logren que los buenos comportamientos sean automáticos.	▪ Usa dispositivos que te ayuden a comprometerte con tus hábitos. ▪ Usa la automatización para facilitar los comportamientos positivos. ▪ Usa acciones únicas para que el comportamiento adecuado resulte inevitable.
La Cuarta Ley del Cambio de Conducta es ***hazlo satisfactorio****.* *Para construir hábitos, haz que sean satisfactorios.*	
El precio de los buenos comportamientos se paga en el presente, y las recompensas llegan en el futuro.	▪ Añade recompensas inmediatas para el buen comportamiento para que resulte más placentero en el momento.
Haz que realizar el buen comportamiento y evitar el malo resulte satisfactorio.	▪ Usa el refuerzo para añadir recompensas inmediatas en el momento de terminar el buen comportamiento o de evitar el malo. ▪ Haz el seguimiento de tus hábitos para que los avances resulten satisfactorios. ▪ Usa un registro de hábitos para que los avances te resulten satisfactorios.
Nunca te lo saltes dos veces. ▪ Evita que el perfeccionismo del enfoque del «todo o nada» te desvíe del camino.	▪ Usa un registro para no saltártelo nunca dos veces. ▪ Prueba el mantra de «No te lo saltes dos veces», en lugar de obsesionarte con no romper la racha que llevas.

Hoja de repaso: cómo eliminar malos hábitos

PRINCIPIOS CLAVE	EJERCICIOS
La Inversión de la Primera Ley del Cambio de Conducta es ***hacerlo invisible.*** *Para eliminar hábitos, hazlos invisibles.*	
Identifica tus señales y hazlas invisibles.	▪ Usa la técnica de señalar y verbalizar para identificar las señales.
Reconfigura las señales de los hábitos negativos.	▪ Usa la acumulación de hábitos para reconfigurar las señales actuales.
Diseña tu entorno. ▪ El comportamiento resulta del entorno. ▪ Diseña tu entorno para que tus señales sean lo más invisibles posible.	▪ Rediseña tu entorno para que las señales de los hábitos negativos sean invisibles.
El autocontrol es un mito. ▪ El secreto del autocontrol es no tener que usarlo. ▪ Las personas que parecen tener más autocontrol en realidad se rodean de situaciones menos tentadoras.	▪ En lugar de invertir energía en evitar la tentación de los malos hábitos, diseña tu entorno para reducir al máximo la tentación.
La Inversión de la Segunda Ley del Cambio de Conducta es hacerlo ***poco atractivo.*** *Para eliminar hábitos, hazlos poco atractivos.*	
Identifica los anhelos. ▪ Identifica por qué anhelas tus malos hábitos para poder abordar dichos anhelos. ▪ Los hábitos son soluciones a los anhelos; si identificas el anhelo, podrás encontrar una solución más efectiva.	▪ Usa la estrategia de señalar y verbalizar para fijarte en tus anhelos según van surgiendo. ▪ Busca hábitos alternativos que encajen con los anhelos.
Haz que tus malos hábitos te resulten poco atractivos.	▪ Cambia de mentalidad. Pon énfasis en evitar tus malos hábitos.
Diseño del entorno social. ▪ El entorno social —los grupos a los que pertenecemos y las relaciones que mantenemos— es lo que más determina si nuestros hábitos nos resultan atractivos o no.	▪ Diseña tu entorno social de forma que respalde tus cambios de hábitos. ▪ Abandona los grupos que propicien tus malos hábitos y únete a otros que respalden tu cambio de conducta.

PRINCIPIOS CLAVE	EJERCICIOS
La Inversión de la Tercera Ley del Cambio de Conducta es ***hacerlo difícil****.* *Para eliminar hábitos, hazlos difíciles.*	
Domina los momentos decisivos. ▪ Ciertos momentos del día tienen más impacto que otros.	▪ Domina el momento decisivo. Optimiza las pequeñas decisiones que tienen un gran impacto.
Diseña tu entorno. ▪ Aumenta la fricción que afecta a los malos hábitos.	▪ Diseña tu entorno para que los malos hábitos sean difíciles de realizar.
Fija tu comportamiento futuro. ▪ Toma decisiones para que tu yo del futuro no pueda realizar el mal comportamiento. ▪ Haz que en el futuro tengas que realizar un mayor esfuerzo para tomar la decisión incorrecta.	▪ Usa dispositivos que te ayuden a comprometerte con tus hábitos. ▪ Usa la automatización para que el comportamiento negativo resulte imposible. ▪ Usa acciones únicas para que el comportamiento negativo te resulte imposible.
La Inversión de la Cuarta Ley del Cambio de Conducta es hacerlo ***poco satisfactorio****.* *Para eliminar hábitos, haz que sean poco satisfactorios.*	
El precio de los malos comportamientos se paga en el futuro, y las recompensas se obtienen en el presente.	▪ Añade castigos inmediatos para el mal comportamiento para que resulte menos deseable en el momento.
Haz que el mal comportamiento resulte poco satisfactorio.	▪ Añade un castigo inmediato en el momento de terminar el mal comportamiento. ▪ Busca un socio corresponsable para que el mal comportamiento te genere malestar social. ▪ Crea un contrato de hábitos para que el coste por realizar el comportamiento negativo resulte molesto de inmediato.

REGISTRO DE HÁBITOS

	1	2	3	4	5	6	7	8	9	10	11	12	13
MES	ENE		FEB		MAR		ABR		MAY		JUN		
HÁBITO													

Si quieres crear un registro que te ayude a no saltarte el hábito dos veces, en lugar de poner una cruz en el hábito, utiliza dos bolígrafos de colores distintos, uno que indique que has realizado el hábito y otro que indique que te lo has saltado. El objetivo es que nunca veas dos marcas seguidas que indiquen que te lo has saltado.

14	15	16	17	18	19	20	21	22	23	24	25	26	27	28	29	30	31	
JUL			AGO			SEPT			OCT			NOV			DIC			TOTAL

REGISTRO DE HÁBITOS

	1	2	3	4	5	6	7	8	9	10	11	12	13
MES	ENE		FEB		MAR		ABR		MAY		JUN		
HÁBITO													

Si quieres crear un registro que te ayude a no saltarte el hábito dos veces, en lugar de poner una cruz en el hábito, utiliza dos bolígrafos de colores distintos, uno que indique que has realizado el hábito y otro que indique que te lo has saltado. El objetivo es que nunca veas dos marcas seguidas que indiquen que te lo has saltado.

14	15	16	17	18	19	20	21	22	23	24	25	26	27	28	29	30	31	
JUL			AGO			SEPT			OCT			NOV			DIC			TOTAL

REGISTRO DE HÁBITOS

	1	2	3	4	5	6	7	8	9	10	11	12	13
MES	ENE		FEB		MAR		ABR		MAY		JUN		
HÁBITO													

Si quieres crear un registro que te ayude a no saltarte el hábito dos veces, en lugar de poner una cruz en el hábito, utiliza dos bolígrafos de colores distintos, uno que indique que has realizado el hábito y otro que indique que te lo has saltado. El objetivo es que nunca veas dos marcas seguidas que indiquen que te lo has saltado.

14	15	16	17	18	19	20	21	22	23	24	25	26	27	28	29	30	31	
JUL			AGO			SEPT			OCT			NOV			DIC			TOTAL

REGISTRO DE HÁBITOS

	1	2	3	4	5	6	7	8	9	10	11	12	13
MES	ENE		FEB		MAR		ABR		MAY		JUN		
HÁBITO													

Si quieres crear un registro que te ayude a no saltarte el hábito dos veces, en lugar de poner una cruz en el hábito, utiliza dos bolígrafos de colores distintos, uno que indique que has realizado el hábito y otro que indique que te lo has saltado. El objetivo es que nunca veas dos marcas seguidas que indiquen que te lo has saltado.

14	15	16	17	18	19	20	21	22	23	24	25	26	27	28	29	30	31	
JUL			AGO			SEPT			OCT			NOV			DIC			TOTAL

REGISTRO DE HÁBITOS

	1	2	3	4	5	6	7	8	9	10	11	12	13
MES	ENE		FEB		MAR		ABR		MAY		JUN		
HÁBITO													

Si quieres crear un registro que te ayude a no saltarte el hábito dos veces, en lugar de poner una cruz en el hábito, utiliza dos bolígrafos de colores distintos, uno que indique que has realizado el hábito y otro que indique que te lo has saltado. El objetivo es que nunca veas dos marcas seguidas que indiquen que te lo has saltado.

14	15	16	17	18	19	20	21	22	23	24	25	26	27	28	29	30	31	
JUL			AGO			SEPT			OCT			NOV			DIC			TOTAL

REGISTRO DE HÁBITOS

	1	2	3	4	5	6	7	8	9	10	11	12	13
MES	ENE		FEB		MAR		ABR		MAY		JUN		
HÁBITO													

Si quieres crear un registro que te ayude a no saltarte el hábito dos veces, en lugar de poner una cruz en el hábito, utiliza dos bolígrafos de colores distintos, uno que indique que has realizado el hábito y otro que indique que te lo has saltado. El objetivo es que nunca veas dos marcas seguidas que indiquen que te lo has saltado.

14	15	16	17	18	19	20	21	22	23	24	25	26	27	28	29	30	31	
JUL			AGO			SEPT			OCT			NOV			DIC			TOTAL

REGISTRO DE HÁBITOS

	1	2	3	4	5	6	7	8	9	10	11	12	13
MES	ENE		FEB		MAR		ABR		MAY		JUN		
HÁBITO													

Si quieres crear un registro que te ayude a no saltarte el hábito dos veces, en lugar de poner una cruz en el hábito, utiliza dos bolígrafos de colores distintos, uno que indique que has realizado el hábito y otro que indique que te lo has saltado. El objetivo es que nunca veas dos marcas seguidas que indiquen que te lo has saltado.

14	15	16	17	18	19	20	21	22	23	24	25	26	27	28	29	30	31	
JUL			AGO			SEPT			OCT			NOV			DIC			TOTAL

REGISTRO DE HÁBITOS

	1	2	3	4	5	6	7	8	9	10	11	12	13
MES	ENE		FEB		MAR		ABR		MAY		JUN		
HÁBITO													

Si quieres crear un registro que te ayude a no saltarte el hábito dos veces, en lugar de poner una cruz en el hábito, utiliza dos bolígrafos de colores distintos, uno que indique que has realizado el hábito y otro que indique que te lo has saltado. El objetivo es que nunca veas dos marcas seguidas que indiquen que te lo has saltado.

14	15	16	17	18	19	20	21	22	23	24	25	26	27	28	29	30	31	
JUL			AGO			SEPT			OCT			NOV			DIC			TOTAL

REGISTRO DE HÁBITOS

	1	2	3	4	5	6	7	8	9	10	11	12	13
MES	ENE		FEB		MAR		ABR		MAY		JUN		
HÁBITO													

Si quieres crear un registro que te ayude a no saltarte el hábito dos veces, en lugar de poner una cruz en el hábito, utiliza dos bolígrafos de colores distintos, uno que indique que has realizado el hábito y otro que indique que te lo has saltado. El objetivo es que nunca veas dos marcas seguidas que indiquen que te lo has saltado.

14	15	16	17	18	19	20	21	22	23	24	25	26	27	28	29	30	31	
JUL			AGO			SEPT			OCT			NOV			DIC			TOTAL

REGISTRO DE HÁBITOS

	1	2	3	4	5	6	7	8	9	10	11	12	13
MES	ENE		FEB		MAR		ABR		MAY		JUN		
HÁBITO													

Si quieres crear un registro que te ayude a no saltarte el hábito dos veces, en lugar de poner una cruz en el hábito, utiliza dos bolígrafos de colores distintos, uno que indique que has realizado el hábito y otro que indique que te lo has saltado. El objetivo es que nunca veas dos marcas seguidas que indiquen que te lo has saltado.

14	15	16	17	18	19	20	21	22	23	24	25	26	27	28	29	30	31	
JUL			AGO			SEPT			OCT			NOV			DIC			TOTAL

REGISTRO DE HÁBITOS

	1	2	3	4	5	6	7	8	9	10	11	12	13
MES	ENE		FEB		MAR		ABR		MAY		JUN		
HÁBITO													

Si quieres crear un registro que te ayude a no saltarte el hábito dos veces, en lugar de poner una cruz en el hábito, utiliza dos bolígrafos de colores distintos, uno que indique que has realizado el hábito y otro que indique que te lo has saltado. El objetivo es que nunca veas dos marcas seguidas que indiquen que te lo has saltado.

14	15	16	17	18	19	20	21	22	23	24	25	26	27	28	29	30	31	
JUL			AGO			SEPT			OCT			NOV			DIC			TOTAL

REGISTRO DE HÁBITOS

	1	2	3	4	5	6	7	8	9	10	11	12	13
MES	ENE		FEB		MAR		ABR		MAY		JUN		
HÁBITO													

Si quieres crear un registro que te ayude a no saltarte el hábito dos veces, en lugar de poner una cruz en el hábito, utiliza dos bolígrafos de colores distintos, uno que indique que has realizado el hábito y otro que indique que te lo has saltado. El objetivo es que nunca veas dos marcas seguidas que indiquen que te lo has saltado.

14	15	16	17	18	19	20	21	22	23	24	25	26	27	28	29	30	31	
JUL			AGO			SEPT			OCT			NOV			DIC			TOTAL

De este libro me quedo con...